Praxis der Sportpsychologie
im Wettkampf- und Leistungssport

J. Beckmann, A.-M. Elbe

Praxis der Sportpsychologie im Wettkampf- und Leistungssport

J. Beckmann, A.-M. Elbe

Spitta Verlag GmbH & Co. KG · Ammonitenstraße 1 · 72336 Balingen · www.spitta.de

Anschrift der Verfasser:

Univ.-Prof. Dr. Jürgen Beckmann
Lehrstuhl für Sportpsychologie
Technische Universität München
Connollystraße 32
80809 München
E-Mail: beckmann@sp.tum.de

PD Dr. Anne-Marie Elbe
University of Copenhagen
Dept. of Exercise and Sport Sciences
Nørse Allé 51
2200 København N
Dänemark
E-Mail: amelbe@ifi.ku.dk

Bibliografische Information der Deutschen Bibliothek
Die Deutsche Bibliothek verzeichnet diese Publikation in der Deutschen Nationalbibliografie;
detaillierte bibliografische Daten sind im Internet über http://dnb.ddb.de abrufbar.
ISBN 978-3-938509-43-2

Copyright 2008 by Spitta Verlag GmbH & Co. KG
Ammonitenstraße 1, D-72336 Balingen
www.spitta.de
www.sport.spitta.de

Projektleitung: Redaktionsbüro Jürgen Liegibel, Freiburg
Covergestaltung: Johannes Kistner
Sportfotos: Jürgen Beckmann; Theo Kiefner Sportfoto, Fürth (Abb. 12); Christopher Loch (S. 12, Abb. 7, Abb. 16); Thomas Schreyer, Gößweinstein (Umschlagfoto)
Lektorat: Redaktionsbüro Ingrid Ahnert, 91358 Kunreuth
Satz: Banholzer Mediengestaltung, 78628 Rottweil
Druck: Kessler Druck und Medien, 86399 Bobingen
Printed in Germany

Inhalt

Vorwort

Seit einigen Jahren erfreut sich die Sportpsychologie eines zunehmenden Interesses. In weiten Teilen des Sports setzte sich auch im deutschsprachigen Raum die Erkenntnis durch, dass »mental voll da zu sein, wenn es darauf ankommt«, den entscheidenden Vorsprung im Wettkampf liefern kann. Dennoch sind die Meinungen von Sporttreibenden über die Rolle der Psyche und der Psychologie im Sport immer noch geteilt. Manche halten die Beschäftigung mit Psychologie für reine Zeitverschwendung oder für ein Alibi für schlechte Leistung. Oft hört man auch von Trainern die Ansicht, dass sie selbst ihre Athleten ausreichend psychologisch unterstützen könnten, man müsse eben Einfühlungsvermögen haben, zuhören und mit den Leuten reden können.

Letzteres sind natürlich wichtige Fähigkeiten, die von großer psychologischer Bedeutung sind. Die moderne Sportpsychologie geht aber weit über diese Grundfertigkeiten hinaus. Sie kann die psychischen Hintergründe verschiedener Abläufe im sportlichen Geschehen fundiert erklären und auf der Grundlage dieser Erklärungen systematisch Maßnahmen herleiten, wie dem Sportler in seiner Problemsituation zu helfen ist. Bei vielen Sportlern und Trainern hat sich zudem die Erkenntnis durchgesetzt, dass mithilfe der Psychologie zwar kein mittelmäßig talentierter Athlet zum Weltmeistertitel gebracht werden kann, aber psychologische Fertigkeiten bei zwei gleichermaßen talentierten und trainierten Sportlern den entscheidenden Vorteil zum Sieg liefern können.

Häufig ist der Vorwurf zu hören, die Psychologie liefere nur Erkenntnisse, die ohnehin schon bekannt sind. In der Tat finden sich nur selten Erkenntnisse der Psychologie, die dem Alltagsverstand nicht plausibel sind und nahe legen »das habe ich schon immer gewusst«. Fuhrt man sich aber das Alltagswissen um psychische Vorgänge vor Augen, so wird schnell klar, dass dies als sicheres Rezept für das Handeln kaum herhalten kann. Zu fast jedem Sprichwort gibt es ein weiteres mit gegenteiliger Aussage: Wächst nun die Liebe durch die Zeit der Trennung oder gilt »aus den Augen, aus dem Sinn«? Die systematische psychologische Forschung klärt die Umstände, unter denen bestimmte Aussagen gelten, so dass man immer sagen kann: Wenn die Umstände X gegeben sind, dann ist die Reaktion Y zu erwarten.

In der Psychologie, der Wissenschaft vom Verhalten, existiert inzwischen ein beträchtliches Wissen über menschliches Verhalten. Der Sport ist ein spezieller Bereich menschlichen Verhaltens. In der Sportpsychologie wurden in den letzten 30 Jahren erhebliche Erkenntnisse über psychologische Prozesse im Sport gesammelt. Damit wurden die Grundlagen für Erfolg versprechende Maßnahmen (Interventionen) zur Unterstützung des Sporttreibens geschaffen. Mit ihrer Hilfe kann die Vorbereitung eines Leistungssportlers auf sportliche Höchstleistungen optimiert werden. Durch sportpsychologische Erkenntnisse können auch die Bedingungen im Präventions- und Rehabilitationssport so gestaltet werden, dass die Teilnehmer motiviert sind, Spaß erleben und das Sporttreiben die angestrebten gesundheitliche Wirkungen zeigt. Im vorliegenden Buch geht es uns jedoch nur um den Wettkampf- und Leistungssportler.

Wir erheben nicht den Anspruch, mit unserem Buch sämtliche mentale Trainingsformen umfassend darzustellen. Unsere Ziele sind es, einerseits einen Rahmen bzw. eine systematische Struktur sportpsychologischer Praxis zu liefern, die Orientierung für Anwender (Sportpsychologen) und Nutzer (Athleten, Trainer) schafft. Andererseits werden sportpsychologische Maßnahmen dargestellt, die aus unserer Sicht ein Grundgerüst sind und sich in unserer sportpsychologischen Praxis mit zahlreichen Wettkampf- und Leistungssportlern bewährt haben. Insofern versteht sich dieses Buch auch nicht vorrangig als Lehrbuch der Sportpsychologie, sondern vielmehr als Anleitung zum sportpsychologischen Training. Allerdings legen wir Wert darauf, dass die vorgestellten Trainingsmaßnahmen nicht unserer Intuition oder Erfahrung entstammen, sondern auf wissenschaftlichen sportpsychologischen Erkenntnissen beruhen.

Wir haben das Buch nicht mit wissenschaftlichen Details überfrachtet, da es ein Praxisbuch sein soll. Gleichzeitig war es uns aber wichtig, deutlich zu machen, dass die dargestellten Praxisansätze auf belegbarer wissenschaftlicher Erkenntnis beruhen, um eine klare Grenze zu unwissenschaftlichen oder pseudowissenschaftlichen Mentaltrainings zu ziehen. Außerdem können an den zugrunde liegenden wissenschaftlichen Erkenntnissen interessierte Leser durch die angegebenen Quellen bei Bedarf tiefer in die Materie einsteigen. Am Ende jeden Kapitels ist ferner weiterführende Literatur angeführt.

Dem Buch liegt im Wesentlichen die Grundstruktur der sportpsychologischen Betreuung zugrunde, wie sie von Beckmann (im Druck) formuliert wurde. Das Buch untergliedert sich in 2 Hauptteile: Im ersten Teil werden die Grundorientierungen für die sportpsychologische Praxis dargelegt, der zweite Teil widmet sich den konkreten Interventions- und Trainingsmaßnahmen. Dabei befasst sich Kapitel 2 mit der Diagnostik, die am Beginn jeder sportpsychologischen Betreuungsmaßnahme stehen sollte. Kapitel 3 ergänzt dies mit dem Thema »Persönlichkeit und Persönlichkeitsentwicklung«. Damit wird einerseits der Gegenstand der Diagnostik weiter erläutert. Andererseits werden umfassendere Zielvorstellungen sportpsychologischer Betreuung wie Talentauswahl und Talententwicklung angesprochen.

Teil 2 des Buches beginnt mit einer praxisorientierten Darstellung des Grundlagentrainings in Kapitel 4; im Mittelpunkt stehen dabei Entspannungsverfahren. Im Kapitel 5 folgt eine Beschreibung der wesentlichsten zu Erlernenden und zu trainierenden mentalen Fertigkeiten zur Stabilisierung sportlicher Leistung. Ganz wesentlich für die langfristige Stabilisierung sportlicher Leistung sind das Vermeiden von Übertraining und die Aufrechterhaltung einer ausgeglichenen Erholungs-Beanspruchungs-Bilanz. Dieser im Grundmodell über das kontinuierliche Monitoring erfassten Komponente widmet sich Kapitel 6. Im Verlauf einer Sportlerkarriere können immer wieder krisenhafte Situationen und Konflikte oder längerfristige Krisen auftreten. Die Bewältigung solcher Krisen wird von Kapitel 7 thematisiert. Damit sind alle Ebenen des Grundmodells sportpsychologischer Betreuung erfasst. Mit dem mentalen Werkzeugkasten im Kapitel 8 wollen wir dem Praktiker ferner eine Übersicht an die Hand geben, die ihm hilft, schnell ein Problem und seine Ursachen zu identifizieren und dann geeignete Lösungsmaßnahmen einzuleiten.

Wir möchten uns an dieser Stelle für die Durchsicht des Manuskripts und die vielfältigen Hinweise bei *Nils Bühring, Felix Ehrlenspiel, Christian Heiss, Josef Keller, Lena Lämmle* und *Denise Waldenmayer* bedanken.

Unser besonderer Dank gilt *Marion Bächle* und *Katharina Wenninger* für sekretarielle Arbeiten beim Verfassen des Manuskripts sowie Frau *Ingrid Ahnert* für die redaktionelle Unterstützung.

München und Kopenhagen, Januar 2008

J. Beckmann, A.-M. Elbe

1 Sportpsychologische Perspektiven

Einleitung

Was ist eigentlich Sportpsychologie? Wer ist Sportpsychologe? Was machen Sportpsychologen? Brauchen wir überhaupt Sportpsychologie? Mit diesen Fragen werden wir in unserer sportpsychologischen Praxis und auch von Studierenden der Sportwissenschaft und der Psychologie häufig konfrontiert. Die Bekanntheit und das Wissen über Sportpsychologie in der Öffentlichkeit haben in den letzten Jahren zugenommen. Die meisten Sportler und Trainer erwarten heute nicht mehr, dass man beim Sportpsychologen auf die Couch gelegt wird. Noch 1991 titelte eine Boulevardzeitung, als einer der beiden Autoren die sportpsychologische Betreuung der deutschen alpinen Skinationalmannschaft der Herren übernahm: »Skimannschaft holt Psychiater«. Eine solche Schlagzeile wäre heute kaum noch zu erwarten. Spätestens seit *Jürgen Klinsmann* vor der Fußballweltmeisterschaft 2006 einen Sportpsychologen zur Mannschaft holte, sollte der Sportpsychologe nicht mehr mit einem Psychiater verwechselt werden und die Gleichsetzung von Sportpsychologie mit klinischer Psychologie dürfte inzwischen passé sein. Zum Sportpsychologen geht man nicht, um ein psychisches Leiden behandeln zu lassen. Aber wozu sollen Sportler und Trainer dann zum Sportpsychologen gehen?

Die Autoren haben in ihrer sportpsychologischen Praxis auf diese Frage schon die unterschiedlichsten Antworten bekommen. Entweder werden ganz spezielle Dinge genannt, wie

»um das Teamklima in meiner Mannschaft zu verbessern«, »meine Nervosität am Start in den Griff zu kriegen« oder auch »den Abstieg vermeiden«. Nicht immer werden jedoch so konkret Probleme benannt. Von Trainern oder Athleten benannte Probleme müssen nicht unbedingt die tatsächlich leistungsbehindernden Faktoren sein. Bevor der Sportpsychologe ein Trainingsprogramm für mentale Fertigkeiten für einen Athleten aufstellt, muss er daher zunächst wissen, wo überhaupt das Problem liegt. Dazu dient die sportpsychologische Diagnose. Auf der Grundlage der Diagnostik wird der Sportpsychologe gezielt ein Trainingsprogramm aufstellen, das auf den Erkenntnissen der Sportpsychologie beruht. Lieber ist es den Autoren, wenn Sportler oder Athleten nicht wegen aktueller Probleme, wie z.B. den drohenden Abstieg zu verhindern, kommen. Die ideale Antwort auf die Frage, warum er zum Sportpsychologen gekommen ist, kam aus Sicht der Autoren von einem jungen Eisschnellläufer (der später deutscher Meister wurde): »Weil dies für mich heute dazu gehört. Mentale Stärke muss genauso trainiert werden wie alles andere auch.« Diese Einsicht ist aber derzeit eher noch die Ausnahme.

Obwohl einem amerikanischen Sportpsychologen zufolge die meisten Sportler glauben, »dass mindestens 50 % des Ablaufs eines guten Spieles das Ergebnis mentaler oder psychologischer Faktoren seien« (*Loehr* 1996, S. 15), werden mentale Fertigkeiten nicht annähernd dieser ihnen zugemessenen Bedeutung entsprechend trainiert (vgl. *Waldenmayer* u. *Ziemainz* 2007). Die meisten Sportler verwenden nur 5–10 % ihrer gesamten Trainingszeit darauf, die mentalen Fertigkeiten zu verbessern (*Loehr* 1996, S. 15).

Was ist mentale Stärke?

Oft hört man auch, dass von zwei gleichermaßen austrainierten und technisch entwickelten Athleten derjenige gewinnt, der mental stärker ist. Was aber ist eigentlich mentale Stärke? *Loehr* gibt hierzu eine einfache kurze Definition«:
»Mentale Stärke ist die Fähigkeit, sich ungeachtet der Wettkampfbedingungen an seiner oberen Leistungsgrenze zu bewegen« (*Loehr* 1996, S. 20). Diese Definition ist nicht wirklich zufrieden stellend, weil sie sich gewissermaßen im Kreis dreht und in ihr eher das Ergebnis des Beherrschens mentaler Fertigkeiten zum Ausdruck kommt. Glücklicherweise spezifiziert *Loehr* diese Definition noch etwas weiter: Danach setzt sich mentale Stärke aus vier Komponenten zusammen (*Loehr* 1996, S. 19):

* *emotionale Flexibilität:* »Fähigkeit, sich auf unerwartete emotionale Veränderungen einzustellen sowie locker und ausgeglichen zu bleiben, nicht aufzubrausen und in Bezug auf den Wettkampf eine möglichst positive Einstellung (Spaß, Kampfgeist, Humor) zu entwickeln«,
* *emotionales Engagement:* »Fähigkeit, emotional alert und engagiert zu bleiben, wenn man unter Druck steht«,
* *emotionale Stärke:* »Fähigkeit, dem Gegner unter Druck das Gefühl der eigenen Stärke zu vermitteln und der Stärke des Gegners zu widerstehen sowie in aussichtslosen Situationen unbeugsamen Kampfgeist an den Tag zu legen«,
* *emotionale Spannkraft:* »Fähigkeit, einen Treffer des Gegners emotional wegzuste-

cken und sofort wieder auf den Beinen zu sein, Enttäuschungen, Fehler und vergebene Chancen schnell abzuhaken und mit voller Kraft und Konzentration den Wettkampf wieder aufzunehmen«.

Nach diesen Vorstellungen *Loehrs* spielen Emotionen für die individuelle mentale Stärke die entscheidende Rolle. Tatsächlich sind Emotionen der Organisationskern jeder Motivation. Man muss sich für das, was man tun will, begeistern können. Aber Emotionen sind nicht alles; daneben gibt es vor allem Informationsverarbeitungsprozesse, so genannte kognitive Prozesse. Sein Denken kontrollieren zu können, ist eine wichtige mentale Fertigkeit mit verschiedenen Facetten. Auch dies ist u. a. unter dem Begriff »Selbstgesprächsregulation« Gegenstand sportpsychologischen Trainings.

Ganz allgemein wird unter mentaler Stärke das Verfügen über effektive Selbstregulationsfertigkeiten verstanden, die es Individuen ermöglichen, auch unter ungünstigen Bedingungen ihr Leistungspotenzial abzurufen (Näheres s. Kap. 5).

Definition und Inhalte der Sportpsychologie

Zunächst aber zurück zur Ausgangsfrage: Was ist eigentlich Sportpsychologie?

Die Europäische Förderation für Sportpsychologie (FEPSAC) definierte 1996 Sportpsychologie als »die Erforschung der psychologischen Grundlagen, Abläufe im Sport und Effekte des Sports«. In dieser Definition fehlt jedoch ganz deutlich die Anwendung des so geschaffenen sportpsychologischen Wissens.

Deshalb ist es nicht verwunderlich, dass es zwar relativ viele Bücher gibt, die sich allgemein mit dem Gegenstand »Sportpsychologie« auseinandersetzen, jedoch nur wenige Bücher, die zeigen, welche konkreten Anwendungen sich aus dem sportpsychologischen Grundlagenwissen ableiten lassen. Dies genau ist Gegenstand dieses Buches.

Gabler (1986 a) bezeichnete sportpsychologische Anwendung als psychologisch reflektierte Praxis. Angesichts des stetig gewachsenen sportpsychologischen Wissens reicht uns diese Formulierung jedoch nicht mehr aus. Wir ziehen daher vor, von einer wissenschaftlich begründeten Praxis zu sprechen und sehen darin auch eine wesentliche Abgrenzung zu so genannten Mentaltrainern, die über keine entsprechend professionelle Grundlagenausbildung verfügen. Sportpsychologen in der Praxis des Wettkampf- und Leistungssports versuchen, von einer wissenschaftlichen Basis ausgehend, psychologische Fertigkeiten zu vermitteln, die sowohl den Trainingsprozess unterstützen als auch den Abruf des Leistungspotenzials eines Sportlers in Wettkampfsituationen verbessern und stabilisieren sollen. Beim psychologischen Training handelt es sich um eine Vermittlung dieser Fertigkeiten und eine Anleitung sie effektiv zu trainieren.

Oft antworten gerade Trainer auf die Frage, warum Sie bei uns sind, dass sie »den Abstieg vermeiden wollen«. Solche Aufträge lehnen wir in der Regel ab, wenn sie fünf Minuten vor zwölf an uns herangetragen werden, also die Mannschaft bereits in der Relegation ist oder kurz vor Ende der Saison auf dem letzten Tabellenplatz steht. Zwar gibt es einige mentale Fertigkeiten, die leicht zu erlernen sind und die relativ schnell Effekte zeigen, seriöse sportpsychologische Betreuung macht

jedoch deutlich, dass es hierbei ebenso wie beim Technik- oder Konditionstraining um den längerfristig angelegten Erwerb und das Beherrschen von Fertigkeiten geht. Zuerst muss bekannt sein, wo Bedarf an sportpsychologischer Intervention ist. Dazu bedarf es einer systematischen Diagnose. Auf deren Basis können gezielte Trainingsmaßnahmen abgeleitet werden. Feuerwehrfunktionen oder »quick fixes« sind eher nicht von nachhaltigem Erfolg gekrönt und daher nicht Sache des seriösen Sportpsychologen. Wenn der »Mentalguru« eine Mannschaft über glühende Kohlen laufen lässt, mag dies kurzfristig einen teambildenden Effekt haben und auch das Selbstbewusstsein der einzelnen Spieler im Moment stärken. Diese Maßnahmen sind aber eher wie ein Strohfeuer, das nur kurzfristig aufflackert. Fertigkeiten, die den Spielern langfristig zugute kommen, haben sie nämlich nicht gelernt.

Seriöse sportpsychologische Maßnahmen bestehen demgegenüber aus dem Erwerb bestimmter mentaler Fertigkeiten – und dies bedarf eines längerfristigen Trainings, genauso wie dies für andere sportliche Leistungskomponenten gilt. Zum Sportpsychologen geht man also, weil er wissenschaftlich begründet sportpsychologisches Wissen anwendet und um »mentale Stärke« zu erwerben.

Die Sportpsychologie ist ein wissenschaftliches Fach an der Schnittstelle von Psychologie, Sportwissenschaft und Medizin. Ihre Inhalte sind die Erforschung der psychologischen Grundlagen, der Abläufe im Sport und der Effekte des Sports, um daraus wissenschaftlich begründete Trainingsmaßnahmen zur Optimierung des Verhaltens im Sport ableiten zu können.

Was kann die Sportpsychologie leisten?

Wenn Athleten, Trainer oder Sportfunktionäre an den Sportpsychologen herantreten, sieht sich dieser oft mit überzogenen Erwartungen konfrontiert. Hier kommt man leicht in ein Dilemma hinein: Einerseits ist es erfreulich, dass die Notwendigkeit einer sportpsychologischen Betreuung erkannt wird, andererseits muss der Sportpsychologe aber auch unrealistische Erwartungen dämpfen. Auch wenn mentale Stärke das entscheidende Quäntchen für den Sieg im Spitzensportbereich liefern kann, heißt das nicht, dass selbst die ausgereiftesten sportpsychologischen Trainingsmaßnahmen zum Beispiel aus einer Fußballmannschaft mit eher schlechten Voraussetzungen einen Europapokalsieger machen. Hier gilt es, von vornherein realistische Zielsetzungen zu vermitteln. In der Praxis sind wir auch mit folgender Behauptung konfrontiert worden: »Es ist ja gar nicht bewiesen, dass Sportpsychologie überhaupt die Leistung steigert.« Dem entgegnen wir zunächst, dass sportliche Leistung ein höchst komplexes Phänomen ist, an dem verschiedene Komponenten beteiligt sind – sowohl physische als auch psychische. Trainingsziel muss eine Optimierung aller Komponenten sein. Die Optimierung einer einzelnen Komponente ist sicherlich noch kein Garant für eine Spitzenleistung.

Auch wenn ein sportpsychologisches Training genauso wenig ein Garant für sportlichen Erfolg sein kann wie ein körperliches Training nach den neuesten Erkenntnissen der Trainingswissenschaft, ist die Wirksamkeit sportpsychologischer Trainingsmaßnehmen vielfach nachgewiesen. Dies gilt sowohl für einzelne Aspekte (z.B. das Vorstellungstraining) als auch für eine systematische Be-

treuung. So belegen zum Beispiel einige Untersuchungen zum Vorstellungtraining, dass es zunächst grundlegende Effekte im Bereich der neuronalen Programmierung von Bewegungen hat (zusammenfassend *Jeannerod* 2001). Auch positive Effekte auf einzelne Leistungsparameter (z.B. Muskelzuwachs; *Reiser* 2005), motorisches Lernen (*Schlicht* 1992) sowie einfache motorische Leistungen (z.B. *Driskell* et al. 1994) wurden empirisch nachgewiesen. In einigen Studien fand sich sogar, dass der Leistungszuwachs bei reiner Imagination größer war als bei physischer Übung (*Minas* 1980). Dies erklärt sich daraus, dass eine komplexe Bewegung in der Vorstellung perfekter realisiert und damit programmiert werden kann als durch eine stets mit Fehlern behaftete reale Bewegungsausführung eines Trainierenden.

Sportpsychologische Betreuung

Grundvoraussetzungen

Damit eine sportpsychologische Betreuung effektiv realisiert werden und zu den gewünschten Ergebnissen führen kann, müssen einige Grundvoraussetzungen erfüllt sein. Vor Beginn einer Betreuung sollten alle Beteiligten daher sicherstellen, dass diese Voraussetzungen erfüllt sind.

Grundvoraussetzungen der sportpsychologischen Betreuung

- Jede sportpsychologische Intervention beginnt mit einer vertrauensbildenden Phase, in der die Athleten und Trainer den Sportpsychologen kennen und ihm vertrauen lernen.

- Jede sportpsychologische Handlung sollte die Unterstützung des Top-Managements (des Teams) und des Cheftrainers erfahren.
- Die sportpsychologischen Handlungen sollten in den regulären Trainingsplan integriert werden.

Struktur

Qualitätsmanagement und Trainingsplan

Für betreute Athleten und Trainer ist die Transparenz des vom Sportpsychologen zu realisierenden Programms ein wesentliches Qualitätsmerkmal sportpsychologischer Betreuung, und zwar sowohl im Hinblick auf die Inhalte, die zeitlichen Umfänge als auch auf die Kosten. Ein Qualitätsmanagement angewandter sportpsychologischer Dienstleistung ist stets anzustreben. Durch klare Strukturen eines Systems sportpsychologischer Betreuung und Transparenz der Qualitätsmerkmale muss eine deutliche Abgrenzung qualitativ hochwertiger, wissenschaftlich begründeter Praxis der Sportpsychologie von so genannten »Mentaltrainer« ohne einschlägige Ausbildung erfolgen.

Angewandte Sportpsychologie wird oft als wissenschaftlich reflektierte Praxis bezeichnet (*Gabler* 1986 a). Mittlerweile liegen jedoch genügend verlässliche sportpsychologische Forschungsergebnisse vor, um angewandte Sportpsychologie als wissenschaftlich begründete Praxis zu betreiben (*Beckmann* u. *Kellmann* 2008 a). Dies bedeutet, dass Interventionen in der Sportpsychologie systematisch aus bestehenden wissenschaftlichen Erkenntnissen abgeleitet werden sollten. Wissenschaftlich fundiert ausgebildete Sport-

psychologen (z.B. über das Curriculum Sportpsychologe im Leistungssport der Arbeitsgemeinschaft für Sportpsychologie in Deutschland; asp) unterscheiden sich von selbst ernannten Mentaltrainern auch durch ihre systematische Herangehensweise an sportpsychologisches Training. So sollte bei der Aufnahme einer sportpsychologischen Betreuung deutlich werden, dass diese aus klar definierten aufeinander aufbauenden Elementen besteht, die in einer sinnvollen zeitlichen Struktur angeordnet sind. Daraus kann ein Trainingsplan erstellt werden, der den zeitlichen Rahmen für die Betreuungsmaßnahme vorgibt. Dieser Trainingsplan sollte im Sinne einer aus der Trainingswissenschaft bekannten Periodisierung gestaltet sein.

Die vorliegenden Bücher zur sportpsychologischen Praxis stellen eher eine Sammlung verschiedener mentaler Fertigkeitstrainings dar (z.B. *Eberspächer* 2007, *Seiler* u. *Stock* 1994). *Beckmann* (im Druck) systematisiert sportpsychologische Betreuung, indem er die verschiedenen Trainingsmaßnahmen in einem räumlich-zeitlichen Strukturmodell sportpsychologischer Intervention integriert. In Abbildung 1 ist dieses Modell dargestellt. Es beschreibt die sportpsychologische Praxis als ein systematisches Vorgehen, bei dem einerseits grundlegend mentale Fertigkeiten vermittelt und trainiert werden. Andererseits wird aufgrund einer Stärken-Schwächen-Diagnostik der spezielle Bedarf an bestimmten Maßnahmen ermittelt. Dies kann an einem Problem ansetzen, um dann zu ermitteln, warum beispielsweise der »Trainingsweltmeister« im Training überragende Leistungen zeigt, diese aber nicht im Wettkampf erbringen kann. Aber auch der Athlet ohne aktuelle Probleme kann sich durch das Training optimieren, stabilisieren und für eventuell auftretende kritische Situationen präparieren.

Demzufolge umfasst angewandte sportpsychologische Arbeit einen *Präventions-, einen Trainings- und einen Interventionsaspekt.*

Auch wenn hier versucht wird, dem sportpsychologischen Training eine allgemeine Struktur zu geben, ist stets zu berücksichtigen, dass Athleten Individuen mit jeweils spezifischen Merkmalen sind. Unter anderem werden diese individuellen Merkmale über die psychologische Diagnostik erfasst.

Die beschriebene Struktur liefert den allgemeinen Orientierungsrahmen dafür, wie systematische, qualitativ hochwertige sportpsychologische Betreuung aussehen soll. Gefüllt wird dieser Rahmen jedoch auf der Basis der Diagnostik mit einem für jeden Athleten maßgeschneiderten Interventions- oder Trainingsprogramm. Genau genommen handelt es sich, wie in Abbildung 2 dargestellt, sogar um einen fortgesetzten Prozess des Maß-

schneiderns. In Abbildung 1 ist die grundlegende Struktur sportpsychologischer Betreuung aus inhaltlicher und zeitlicher Sicht dargestellt.

Problembezogene Diagnostik

Am Beginn jeder sportpsychologischen Arbeit sollte nach der Kontaktaufnahme und dem Erstgespräch eine problembezogene Diagnostik stehen. Auch wenn der Athlet nicht mit einem speziellen Problem zum Sportpsychologen kommt, ist es sinnvoll, zunächst eine Stärken-Schwächen-Analyse vorzunehmen (z.B. regelmäßige Leistungseinbrüche im 2. Satz eines Tennismatchs). Im Allgemeinen geht es hierbei darum, den Bedarf dieses Athleten an spezifischen Trainingsmaßnahmen festzustellen. Abbildung 2 zeigt beispielsweise das mit dem Profil Golf Mental (PGM, *Beckmann* 2004) bestimmte Stärken-Schwächen-Profil eines Golfers. Der PGM

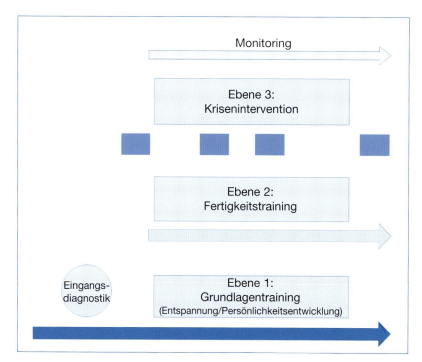

Abb. 1
Struktur einer sportpsychologischen Betreuung (nach *Beckmann* im Druck).

umfasst für das Golfspiel besonders relevante Persönlichkeitsmerkmale.

Auf der Basis einer solchen Diagnostik kann der Sportpsychologe dann gezielte Trainingsmaßnahmen planen. Wenn wir von sportpsychologischer Diagnostik reden, meinen wir (sport-)psychologische Interviews, systematische Beobachtung von Athleten, Trainern und Gruppenverhalten und (sport-)psychologische Tests (Fragebögen sowie computergesteuerte Tests, z. B. zur Aufmerksamkeit).

Die psychologische Diagnostik hat vielfältige Funktionen im Sport wie beispielsweise die Identifikation von Problemen im Hinblick etwa auf die Konzentration, die Motivation usw. Weiterhin profitiert die Interventionsplanung vom Einsatz psychologischer Instrumente, z. B. der »Test of Attentional and Interpersonal Style« (*Nideffer* 1976) oder dem »Psychological Skills Inventory« (*Mahoney* et al. 1987), um nur zwei zu nennen. Es besteht noch ein Mangel an geprüften sportspe-

zifischen Diagnostikinstrumenten in deutscher Sprache. Das Bundesinstitut für Sportwissenschaft fördert daher die Entwicklung solcher Instrumente und hat eine entsprechende Datenbank eingerichtet. Im Internet findet sich ein Diagnostikportal, dass diese sportspezifischen psychologische Fragebögen zugänglich macht (*www.bisp-sportpsychologie.de*). Dazu wird zukünftig auch eine Datenbank mit Normwerten eingestellt werden, so dass der Sportpsychologe in der Praxis bei Einsatz dieser Diagnostikinstrumente aus den Daten eines einzelnen betreuten Sportlers anhand der Normdaten Schlussfolgerungen einstufen kann, was der Testwert im Vergleich aussagt.

Zu den Fragebögen im Diagnostikportal gehören derzeit ein sportspezifischer Leistungsmotivfragebogen (AMS-Sport, *Elbe* et al. 2005), ein Fragebogen zur situativen und dispositionellen Wettkampfangst (WAI-S, *Ehrlenspiel* et al. in Vorb.; WAI-T, *Brand* et al. in Vorb). Ferner findet sich eine deutsche, test-

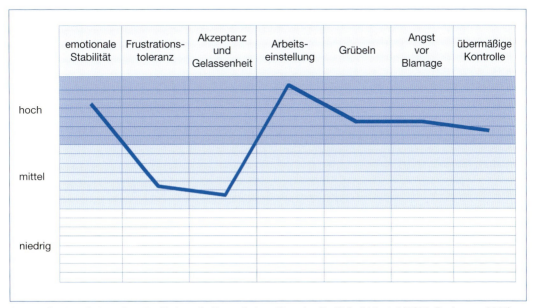

Abb. 2 Stärken-Schwächen-Profil eines Golfers erhoben über das Profil Golf Mental (PGM, *Beckmann* 2004).

statistisch geprüfte Fassung des Sport-Orientierungsfragebogen (SOQ, *Elbe* 2004; im englischen Original *Gill* u. *Deeter* 1988). Zur Diagnostik der Willensfertigkeiten gibt es den Fragebogen zur Handlungsorientierung im Sport (HOSP, *Beckmann* 2003) sowie den Fragebogen zur Erfassung volitionaler Komponenten im Sport (VKS, *Elbe* u. *Wenhold* 2005). In Kapitel 2 wird ausführlich auf das wichtige Thema der sportpsychologischen Diagnostik eingegangen.

Im Modell der systematischen sportpsychologischen Intervention werden – wie in Abbildung 1 beschrieben – drei grundlegende Ebenen unterschieden:
* Grundlagentraining,
* Fertigkeitstraining
* Krisenintervention.

Auf diesen drei Ebenen werden die in Tabelle 1 beschriebenen Inhalte vermittelt.

Grundlagentraining

Beim Grundlagentraining werden aufeinander aufbauend verschiedene Entspannungs-techniken (s. Kap. 4) vermittelt (s. auch *Kellmann* u. *Beckmann* 2004). Die erste Form stellt die *Atementspannung* dar. Diese ist leicht zu erlernen und kann auch in Wettkämpfen zur Entspannung und Konzentration eingesetzt werden, ohne dass dabei die notwendige Wettkampfspannung verloren geht. Daran schließt sich die *progressive Muskelentspannung* an, die über die »Kultivierung der Muskelsinne« auch auf die Entwicklung des Bewegungsgefühls Einfluss nehmen soll. Erst beim sicheren Beherrschen dieser Techniken erlernt der Sportler ein schwierigeres Entspannungsverfahren, das *autogene Training*. Da dieses die stärksten langfristigen Wirkungen der drei Verfahren auf die Psyche hat, kann es langfristig zur Entwicklung einer ausgeglichenen Persönlichkeit beitragen.

Das Grundlagentraining bedarf keiner vorangehenden Diagnostik. Hier wird davon ausgegangen, dass es sich um allgemeine Grundlagen handelt, über die jeder Sportler verfügen sollte. Ein weiterer wichtiger Bestandteil des Grundlagentrainings ist das Teambuilding, das in Kapitel 4 näher erläutert wird.

Grundlagentraining	Fertigkeitstraining	Krisenintervention
Atemübungen	Zielsetzung	Rehabilitation nach Verletzungen
progressive Muskelentspannung	Selbstgesprächsregulation	Misserfolgsverarbeitung
autogenes Training	Entwicklung des Bewegungsgefühls	Psychotherapie
Teambuilding	Selbstwirksamkeits-überzeugung	Karriereende
	Aufmerksamkeitsregulation	Konflikte in der Mannschaft
	Vorstellungsregulation	

Tab. 1 Themen auf den unterschiedlichen Ebenen sportpsychologischer Intervention.

Fertigkeitstraining

Die zweite Ebene, das Fertigkeitstraining, ist hingegen eng an die Diagnose gebunden. Die Diagnose dient der Ermittlung mentaler Stärken und Schwächen von Sportlern. So kann man gezielt die beispielsweise von *Eberspächer* (2007) aufgeführten mentalen Fertigkeiten über Trainingsmaßnahmen für die diagnostizierten mentalen Schwächen vermitteln. Werden aufgrund einer fehlenden Stärken-

Schwächen-Diagnose Fertigkeitstrainingsformen für Bereiche vorgenommen, in denen ein Sportler bereits über effektive Fertigkeiten verfügt, so kann es zu Interferenzen kommen, d.h., konkurrierende Fertigkeiten können sich gegenseitig blockieren. Es kommt zur Verwirrung, die Selbstregulation und letztlich die Leistung werden beeinträchtigt. Vor allem Sportler mit einer Disposition zur Handlungsorientierung verfügen in der Regel über gute Selbstregulationsfertigkeiten. Versucht man,

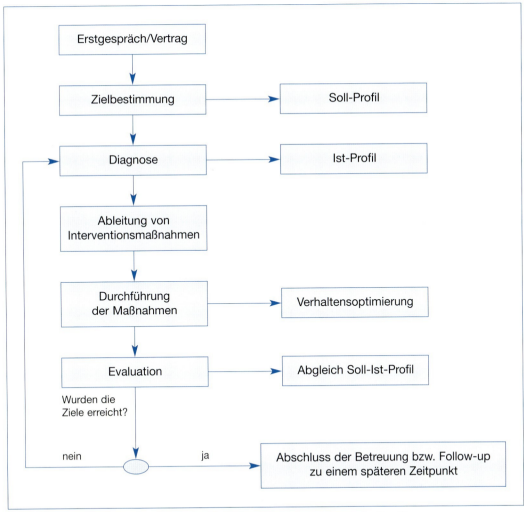

Abb. 3   Prozessmodell sportpsychologischer Intervention nach *Beckmann* (im Druck).

diesen Sportlern andere Fertigkeiten nahe zu bringen, kann dies zu einer Blockadehaltung (Reaktanz: *Antoni* u. *Beckmann* 1989) oder einem völligen Ausstieg führen (*Elbe* et al. 2003 a). Fertigkeitstrainings werden anwendungsbezogen in Kapitel 5 und Kapitel 8 ausführlich behandelt.

Krisenintervention

Während sich die ersten beiden Ebenen kontinuierlich durch den Betreuungsprozess ziehen, ist die dritte Ebene, die Krisenintervention, unmittelbar am Bedarf für eine solche Intervention orientiert. Kriseninterventionen setzen beispielsweise bei Konflikten innerhalb einer Mannschaft oder zwischen Athlet und Trainer sowie bei Verletzungen an. Die dritte Ebene nutzt dabei sowohl die Entspannungstechniken des Grundlagentrainings als auch die im Fertigkeitstraining erlernten Fertigkeiten. Verschiedene Formen von Kriseninterventionen werden in Kapitel 7 erläutert.

Monitoring

Der gesamte Betreuungsprozess ist sinnvollerweise zusätzlich durch ein kontinuierliches Monitoring des Erholungs-Beanspruchungs-Zustands zu ergänzen. So können Dysbalancen von Erholung und Beanspruchung rechtzeitig erkannt und Konflikte identifiziert werden. Nicht zuletzt kann man durch einen regelmäßigen Einsatz des Erholungs-Belastungs-Fragebogens von *Kellmann* und *Kallus* (2000) auch die Effekte der sportpsychologischen Intervention evaluieren, so wie dies das Prozessmodell in Abbildung 3 beschreibt. Darauf wird ausführlich in Kapitel 6 eingegangen.

Weiterführende Literatur

Beckmann, J., Kellmann, M. (Hrsg, 2008). Enzyklopädie der Psychologie. Sportpsychologie. Bd. 2. Anwendungsfelder der Sportpsychologie. Göttingen: Hogrefe.

2 Diagnostik

Verfahren und Grundprinzipien

Wie in Kapitel 1 beschrieben wurde, ist die Diagnostik ein wesentliches Element einer systematischen sportpsychologischen Betreuung. Der Sportpsychologe muss sich ein Bild über den zu betreuenden Sportler machen und wissen, wo seine mentalen Stärken, insbesondere aber auch seine Schwächen liegen. Auf der Grundlage dieser Informationen kann er gezielt ein auf den Sportler abgestimmtes Fertigkeitstraining gestalten und empfehlen. Bei einer sportpsychologischen Diagnostik können verschiedene Verfahren zur Anwendung kommen. So können apparative Messungen vorgenommen werden, die den momentanen Aktivierungszustand (z.B. über die Hautleitfähigkeit), die koordinativen Fähigkeiten oder die Wahrnehmung messen. Größtenteils kommen aber Fragebögen zum Einsatz, vornehmlich wegen ihrer leichten und ökonomischen Einsetzbarkeit. Bei diesen Fragebögen handelt es sich in der Regel um »Tests«. Ein Test zeichnet sich dadurch aus, dass er systematisch entwickelt wurde und seine Zuverlässigkeit ebenso geprüft wurde wie die Frage, ob der Test auch tatsächlich das misst, was er messen soll. Zum Einsatz sollten nur solche Tests kommen, deren Gütekriterien festgesetzten Standards entsprechen (siehe dazu das Diagnostikportal des Bundesinstituts für Sportwissenschaft im Internet unter *www.bisp-sportpsychologie.de*). Viele Sportler mögen jedoch Papierkram nicht und reagieren abweisend, wenn Sportpsychologen Fragebögen an sie verteilen. Deshalb greifen manche Sportpsychologen stattdessen lieber auf *Beobachtung* und *systematische Interviews* zurück. Im Gegensatz zur ablehnenden Haltung gegenüber Fragebögen stehen die sehr positiven Erfahrungen der Autoren dieses Buches bei deren Einsatz. Auch wenn Sportler wegen des Ausfüllens protestieren, schätzen sie es dennoch, wenn sie ausführliche Rückmeldungen zu den von ihnen ausgefüllten Fragebögen sowie eine Übersicht über ihre mentalen Stärken und Schwächen erhalten. Bei Fragebögen, die Zustände messen (z.B. Erholungs-Belastungs-Fragebogen für Sportler), äußern manche Athleten im Rahmen einer Betreuung manchmal von sich aus, dass sie wieder einen derartigen Fragebogen ausfüllen möchten, um zu überprüfen, ob sich etwas verändert hat.

Nach einer Studie von *Vealey* und *Garner-Holmans* (1998) verwenden 75 % der Sportpsychologen psychologische Inventare oder Fragebögen in ihrer angewandten Arbeit mit Sportlern. Einer deutschen Studie zufolge setzen sogar 88 % der dortigen Sportpsychologen diagnostische Inventare ein (*Ziemainz* et al. 2006).

Die Autoren dieses Buches sind der Auffassung, dass die psychologische Diagnostik ein unerlässliches Arbeitsmittel für die korrekte Auswahl von Interventionsmaßnahmen ist. Wie bereits gesagt, können bei der sportpsychologischen Diagnostik (sport-)psychologische Interviews, systematische Beobachtung von Athleten, Trainern und Gruppenverhalten sowie (sport-)psychologische Tests (Fragebögen sowie apparative Tests, z.B. zur Aufmerksamkeit) zum Einsatz kommen.

(Sport-)psychologische Diagnostik ist ein systematisches Sammeln und Aufbereiten von Informationen mit dem Ziel, Entscheidungen und daraus resultierende Handlungen zu begründen, zu kontrollieren und zu optimieren (vgl. *Jäger* u. *Petermann* 1999).

Diagnostik und Intervention können als aufeinander folgende Phasen eines psychologischen Prozesses verstanden werden, eines Prozesses, bei dem sich die Intervention (treatment) aus der Diagnose ableitet. Die Effektivität einer psychologischen Intervention hängt maßgeblich von der Genauigkeit, Zuverlässigkeit und Problemrelevanz der Eingangsdiagnose ab. Eine Vernachlässigung des diagnostischen Prozesses führt zwangsläufig zu Spekulationen und Fehleinschätzungen im Hinblick auf das vorliegende Problem. Nicht umsonst stellt die Diagnostik daher auch einen entscheidenden Baustein im Modell zur systematischen sportpsychologischen Betreuung von *Beckmann* dar (s. Kap. 1).

Grundprinzipien einer Diagnostik im Sport

- präzise und angemessene Fragestellung
- Diagnostikverfahren auswählen, die für die Beantwortung der Fragestellung geeignet sind
- zuverlässige und gültige Testverfahren einsetzen
- mehrere Arten von Informationsquellen nutzen
- Verhältnis von Aufwand und Ertrag muss stimmen
- Akzeptanz der Verfahren durch die Sportler beachten

Warum ist psychologische Diagnostik im Hochleistungssport so wichtig?

Eine umfangreiche, problemorientierte, systematische Diagnostik sollte am Anfang jeder sportpsychologischen Intervention stehen. Das folgende Beispiel verdeutlicht, wie wichtig eine korrekte Diagnose für die praktische Arbeit des Sportpsychologen ist.

Praxisbeispiel: Konsequenzen versäumter Motivdiagnostik

Während seiner Tätigkeit als psychologischer Berater für eine Frauen-Bundesliga-Basketballmannschaft wurde der Erstautor mit folgendem Problem konfrontiert: Der Trainer hatte den Donnerstagabend ausgewählt, um ein Trainingsspiel innerhalb der eigenen Mannschaft in Vorbereitung auf das eigentliche Bundesligaspiel am Sonnabend oder Sonntag durchzuführen. Sein Hintergedanke dabei war, dass die Durchführung eines Trainingsspiels die Motivation der Spielerinnen positiv beeinflussen würde. Den Spielerinnen hingegen schien das Spiel am Donnerstagabend nicht zu gefallen. Im Lauf der Saison meldeten sich immer mehr Spielerinnen für das Donnerstagstraining krank. Nach der Hälfte der Saison wurde das Problem während einer Mannschaftsbesprechung thematisiert. Die Spielerinnen äußerten, dass sie die Situation des Trainingsspiels als feindlich empfanden und nicht verstehen konnten, warum einige Spielerinnen so grob spielten. Sie sagten, dass sie sich als harmonische und konfliktfreie Mannschaft fühlen möchten, dass jedoch das Donnerstagstraining einen gegenteiligen Effekt hätte. Dieses Trainingsspiel nahm ihnen den ganzen Spaß am Sport. Psychologisch ausgedrückt sagten sie, dass ihr Motiv für das Basketballspiel sozialer Natur war. Dies war sowohl für den Trainer als auch für den Sportpsychologen sehr überraschend, da beide angenommen hatten, dass Hochleistungssportlerinnen vor allem leistungsmotiviert seien. Wären vor Beginn der Saison die Motive der Spielerinnen erhoben worden, hätte man das Problem eventuell vorausahnen können. Das Trainingsspiel hätte dann mit entsprechender sportpsychologischer Hilfe vorsichtiger in das Training integriert werden können.

Aus dem Beispiel leitet sich aber gleichzeitig die Frage ab, welche Diagnostik in der Praxis eingesetzt werden soll und eventuell in dieser Situation weitergeholfen hätte.

Welche Diagnostik? Allgemeine und sportspezifische Diagnostik

Bei der Diagnostik geht es nicht nur darum, das für die jeweilige Fragestellung angemessene Verfahren auszuwählen, sondern auch die Passung von ausgewähltem Verfahren zu den jeweiligen Sportarten und Sportlern zu beachten. Zunächst gilt es zu klären, ob allgemeinpsychologische Instrumente für die Untersuchung der Fragestellung überhaupt geeignet sind oder der interessierende Aspekt sportspezifisch gemessen werden müsste. Zum Beispiel kann man sich fragen, ob ein allgemeines Leistungsmotiv für sportliche Situationen relevant ist. Die Leistungsmotivation eines Sportlers könnte ja bei Mathematikaufgaben eher gering, bei sportlichen Aufgaben aber hoch sein.

Conzelmann (2001) führt die zum Teil sehr uneinheitlichen und unbefriedigenden Ergebnisse älterer Untersuchungen zum Zusammenhang von Sport und Persönlichkeit (s. Kap. 3) auf die Auswahl allgemeiner Verfahren aus der Persönlichkeitspsychologie zurück, die den spezifischen Rahmenbedingun-

gen des Sports nicht gerecht werden. So fanden *Elbe* et al. (2003 b) tatsächlich einen bedeutsamen Zusammenhang zwischen dem sportspezifischen Leistungsmotiv und der zukünftigen sportlichen Leistung von Sporttalenten. Das gleichzeitig erhobene und ebenfalls stabile allgemeine Leistungsmotiv zeigt jedoch keinen entsprechenden Zusammenhang mit der aktuellen oder zukünftigen sportlichen Leistung. Dieser Befund verdeutlicht, dass die sportspezifische Erhebung einer allgemeinen Erhebung für die bereichsspezifische Leistungsprognose überlegen sein kann.

Selbst eine Unterscheidung zwischen allgemeinen und sportartspezifischen Diagnostiken kann unter Umständen noch nicht ausreichend sein. Die Anforderungen in den verschiedenen Sportarten können sehr unterschiedlich sein, so dass z.B. kontrollierte Aggression in Kampfsportarten, Risikobereitschaft beim Skifahren und Selbstkontrolle beim Golfen benötigt werden (vgl. *Singer* u. *Janelle* 1999). Die Diagnostik sollte sich daher immer auf die Anforderungen in der bestimmten Sportart beziehen und problemfokussiert erfolgen. Darüber hinaus sind auch innerhalb einer Sportart Unterschiede zu berücksichtigen. Zum einen gilt dies bei unterschiedlichen Disziplinen innerhalb einer Sportart, z.B. Kurz- oder Langstrecken in der Leichtathletik oder beim Schwimmen. Zum anderen können auch innerhalb einer Mannschaftssportart Unterschiede bei den verschiedenen Spielpositionen vorherrschen.

Ein Beispiel hierfür sind die Persönlichkeitsunterschiede im Hinblick auf Handlungs- und Lageorientierung (siehe dazu ausführlicher Kap. 3). Eine als handlungsorientiert eingestufte Person kommt relativ zügig zu Entscheidungen und setzt diese auch in die Tat um. Eine lageorientierte Person grübelt hingegen über verschieden Möglichkeiten und

Alternativen nach. Lageorientierung bildet eine günstige Voraussetzung für die Spielmacherposition, aber eine schlechte für den Torjäger (vgl. *Beckmann* u. *Trux* 1991). Handlungsorientierte Basketballspieler verwerten Korbchancen insbesondere in kritischen Situationen besser als ihre lageorientierten Mitspieler, die wiederum bei »Zubringerdiensten« aktiver sind (*Sahre* 1991). Außerdem verfügen Lageorientierte über eine größere Variabilität von Spielzügen und sind eher als Handlungsorientierte der verlängerte Arm des Trainers auf dem Spielfeld. Die spezifischen Anforderungsprofile einer sportlichen Tätigkeit müssen bei der Auswahl von diagnostischen Instrumenten stets Berücksichtigung finden.

Insgesamt besteht im deutschsprachigen Raum derzeit ein Mangel an standardisierten sportspezifischen und normierten Verfahren, die gut dokumentiert und verfügbar sind. Dies zeigt sehr schnell ein Blick in das aktuelle umfangreiche Kompendium zu diagnostischen Instrumenten in der Sportpsychologie, das »Handbuch Sportmotorische Tests«, das von *Bös* (2001) herausgegeben wurde. Darüber hinaus sind die allermeisten der dort aufgeführten psychologischen Verfahren nur unzureichend publiziert und oft nur über die Testautoren zu beziehen. So verwundert auch der Befund nicht, dass die mit der Auswahl von Sportschülern und Kaderathleten betrauten Fachleute zwar sehr gerne psychologische Verfahren zusätzlich einsetzen würden, sich jedoch äußerst mangelhaft informiert sehen (*Elbe* u. *Seidel* 2003).

Qualitätskriterien der diagnostischen Instrumente

Wenn Sportpsychologen mit Athleten arbeiten und keine fundierten Kenntnisse über die Athleten und die jeweilige Situation haben, werden sie anfangs meist eher offene, nur gering strukturierte Ansätze wählen (z.B. Beobachtungen und Interviews). Wenn die Vertrautheit mit der Situation zunimmt und sich spezifische Hypothesen über die Problemlage herausbilden, können formalere und stärker problembezogene Ansätze gewählt werden. Wenn zum Beispiel die Kommunikation zwischen Trainern und Athleten von Interesse ist, wird eine systematische Beobachtung des Kommunikationsverhaltens unter Anwendung von *Beobachtungsprotokollen* erfolgen. Auf diesen sind spezifische Kategorien der Kommunikation vorgegeben. *Strukturierte Interviews* können an dieser Stelle ebenfalls angewandt werden.

Vor- und Nachteile standardisierter Tests

Die formalsten Erhebungsinstrumente sind standardisierte Tests; bei ihnen ist das Vorgehen genau festgelegt: Inhalt, Reihenfolge der Frage, Antwortformat bzw. Antwortkategorien. Die Standardisierung ist für die Testgüte ein grundlegendes Kriterium. Bei hoher Standardisierung gibt es keinen Spielraum für unterschiedliche Auswertungen. Man spricht hier von Durchführungs- und Auswertungsobjektivität. Nur so sind die für verschiedene Personen erhobenen Merkmale tatsächlich miteinander vergleichbar. Außerdem sind die Anwendung und die Auswertung standardisierter Verfahren erheblich ökonomischer als bei nicht standardisierten Verfahren.

Je formaler und standardisierter die Erhebung ist, desto einfacher lassen sich interindividuelle Unterschiede heraus kristallisieren und die jeweilige Situation auf eine generelle, theoretische sportpsychologische Ebene übertragen. Daraus können dann geeignete Interventionen abgeleitet werden, die sich bereits in solchen Situationen als erfolgreich erwiesen haben. Standardisierte Tests sind sehr zuverlässige und gültige Instrumente (vgl. Standards für Erziehungswissenschaftliche und Psychologische Tests der American Psychological Association, 1999). Dennoch sollten die Ergebnisse eines einzelnen Tests für den Einzelfall nicht überbewertet und das in Abhängigkeit von der Messgenauigkeit gegebene Irrtumsrisiko beachtet werden.

Potenzielle Vorteile standardisierter Diagnostikverfahren

- *Objektivität* (die Ergebnisse sind unabhängig von der Person, die den Test erhebt)
- *Reliabilität* (hohe Messgenauigkeit)
- *Validität* (liefert gültige Aussagen hinsichtlich des zu messenden Merkmals)
- *Ökonomie* (die Kosten bezüglich der Durchführung, Auswertung und die Handhabbarkeit sind vergleichsweise gering)
- *Normen* (individuelle Testergebnisse lassen sich in einen Bezugsrahmen einordnen)

Bei allen potenziellen Vorteilen standardisierter Tests sollte auch auf deren mögliche *Nachteile* hingewiesen werden. So erhält man eventuell genau die zur Lösung eines Problems relevante Information nicht, weil der Rahmen für die Informationserhebung durch die festgelegten Fragen zu sehr eingeengt ist. Eine offene Verhaltensbeobachtung und ein halbstrukturiertes Interview sind daher im Vorfeld des Einsatzes der standardisierten Verfahren zu empfehlen, um die tatsächlich geeignete, problemrelevante Diagnostik in standardisierter Form auf der Grundlage dieser Information gezielt auswählen zu können. Generell wird man auch (unter Beachtung der

Ökonomie) mehrere Verfahren parallel einsetzen.

Oft, aber bedauerlicherweise nicht immer, sind für standardisierte Tests Norminformationen vorhanden, die Aussagen über die individuelle Position in Bezug zur Verteilung in relevanten Bezugsgruppen ermöglichen. Leider beziehen sich diese Normen selten auf Stichproben von Sportlern. Bei den allgemeinpsychologischen Fragebögen ist dies die Regel. Vergleiche mit Normen rein psychologischer Tests können im Feld der Sportpsychologie besonders irreführend sein. Athleten erzielen meist andere Ergebnisse als Nichtsportler. Gibt es zur diagnostizierenden Frage ein sportspezifisches Instrument und für dieses Instrument auch noch Normen, dann sind diese naturgemäß auf Sportler bezogen.

Kritisch anzumerken ist an dieser Stelle ferner, dass ein Test, für den Normen vorliegen, nicht unbedingt etwas Bedeutsames erhebt. Außerdem hat das Vorhandensein von Normen nichts mit den sonstigen Gütekriterien des Tests zu tun: Ein Test, der eine unzureichende Objektivität, Reliabilität und Validität aufweist, kann trotzdem Normen haben (*Rost* 1996). Er erlaubt aber eben keine zuverlässigen und gültigen Aussagen.

Auswahlkriterien

Generell mag es wünschenswert erscheinen, ausschließlich standardisierte Tests anzuwenden, die den oben aufgeführten Kriterien entsprechen. Angewandte Arbeit erfordert aber zusätzliche Kriterien. Eine hohe Reliabilität und Validität, die auf Gruppenebene erhoben wurde, garantiert dies nicht gleichzeitig für den einzelnen Athleten (vgl. *Wottawa* 1980). Tests mit einer niedrigen Reliabilität und niedrigen Validitätswerten müssen nicht unbedingt als nutzlos eingestuft werden. Es hängt immer von der Zielsetzung der Erhebung ab. Oft gibt es keinen standardisierten Test für das jeweilige auftretende Problem, mit dem der Sportpsychologe gerade konfrontiert ist. Anstatt standardisierte Test zu verwenden, setzen Sportpsychologen häufig Fragebögen ein, die weder eine nachgewiesene hohe Reliabilität noch Validität haben. Weil Testergebnisse bei niedrigen Reliabilitäten und Validitäten eher vage sind und zu Fehlinterpretationen führen können, empfiehlt *Brickenkamp* (1997) dem praktisch tätigen Sportpsychologen zusätzliche Daten zu erheben (multitrait-multimethod), um die Daten des Fragebogens untermauern zu können. Bei der Auswahl eines Tests sollte der Sportpsychologe sowohl den spezifischen Zweck als auch die psychometrischen Eigenschaften beachten (vgl. *Ostrow* 1996). Ein unsystematischer Einsatz von Tests, mit denen der Sportpsychologe vertraut ist, ist meist nicht sehr hilfreich (z.B. identische Erhebung in jeder Situation). Und – dies soll noch einmal betont werden – bevor standardisierte Instrumente ausgewählt werden können, muss zuerst ein Verständnis für die Anforderungen in der bestimmten Sportart und der spezifischen Problemsituation erworben werden.

Integration der Diagnostik in den Betreuungsprozess

Diagnostik und Intervention sind als fortgesetzter Prozess aufzufassen, wie er in Abbildung 4 dargestellt ist.

Die Abbildung verweist darauf, dass der diagnostische Prozess nicht auf nur einen Durchlauf beschränkt sein muss. Im Verlauf des Prozesses kann die Fragestellungen eventuell präzisiert werden, zum Teil werden Annahmen widerlegt, zum Teil werden neue Hypothesen entstehen. Gelegentlich wird dies durch widersprüchliche Ergebnisse der verschiedenen eingesetzten diagnostischen Instrumente veranlasst sein. Dafür kann es verschiedene Gründe geben: die begrenzte Messgenauigkeit der Verfahren, ungünstige Durchführungsbedingungen bei einzelnen Tests. Manchmal sind, wie schon erwähnt, die Bezugssysteme (Normen) allgemeinpsychologischer Verfahren für Sportler nicht aussagekräftig.

Diagnostischer Prozess als »Action-Research«-Ansatz

Beckmann und *Kellmann* (2008 b) diskutieren als eine mögliche Form des diagnostischen Prozesses auch den so genannten »Action-Research«-Ansatz. Charakteristisch für diesen Ansatz ist, dass Diagnostik und Intervention aus einem gemeinschaftlichen Vorgehen aller Beteiligten, also Sportpsychologen, Sportlern und Trainern, bestehen. Ein wichtiger Bestandteil ist ferner die offene Diskussion über die Ziele und Durchführung der Maßnahmen. Dadurch werden auch die Zustimmung und das Engagement aller Beteiligten gewährleistet. Sportler und Trainer sind nicht nur über die Zielsetzung der Maßnahmen informiert, sondern erhalten die Möglichkeit, sich an den Entscheidungen bezüglich der Ziele und der Auswertungen zu beteiligen. Dieser Prozess kann einen zyklischen Charakter haben und folgende 8 Phasen umfassen (vgl. *Moser* 1977):

Phasen eines »Action-Research«-Ansatzes

- Identifikation des Problems
- Konsultation eines Sportpsychologen
- Datenerhebung und vorläufige Diagnose

- Rückmeldung an Sportler und Trainer
- gemeinsame Diagnose des Problems
- gemeinsame Interventionsplanung
- Intervention
- Evaluation der Intervention

Von besonderer Bedeutung bei diesem Ansatz ist die kontinuierliche Verbindung zwischen den Phasen der Datenerhebung und der vorläufigen Diagnose sowie der Handlung.

Weiterhin betont *Moser* (1977, S. 18) die Wichtigkeit folgender Kriterien:
- *Transparenz:* Nachvollziehbarkeit des Forschungsprozesses für alle Beteiligten durch Offenlegung von Funktionen, Zielen und Methoden der Forschungsarbeit,
- *Stimmigkeit:* Vereinbarkeit von Zielen und Methoden der Forschungsarbeit,
- *Einfluss des Forschers:* Der Forscher darf bei der Datensammlung nicht bewusst verzerrend auf den Forschungsprozess Einfluss nehmen.

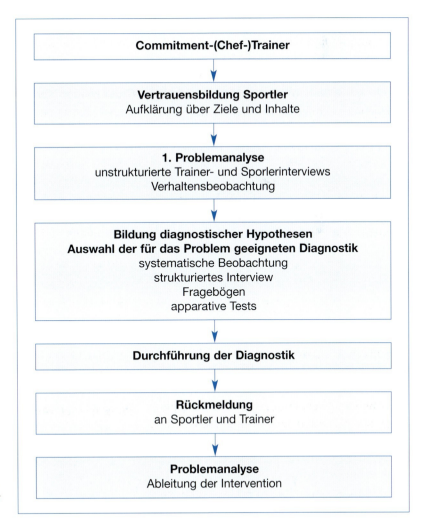

Abb. 4
Schema des diagnostischen Prozesses in der Sportpsychologie.

Wie sichert man die Kooperation der Beteiligten?

Athleten sollten grundsätzlich nicht gleich beim ersten Treffen mit Stapeln von Fragebögen bombardiert werden. Es sollten auch keine persönlichen Informationen erhoben werden, die nicht im Zusammenhang mit der spezifischen Situation stehen. So würde man höchstwahrscheinlich nur die am Anfang dieses Kapitels angesprochene Ablehnung der Diagnostik provozieren. Dem Sportler muss einsichtig werden, dass die Diagnostik sinnvoll ist, weil sie ihm hilft, sein Leistungsvermögen zu steigern und/oder ein mögliches Problem gezielt zu verstehen und zu lösen. Eine problemzentrierte Diagnostik ist angebracht, um geeignete Lösungen anhand der vor Ort gewonnenen Information zu finden. So scheint es beispielsweise nicht sinnvoll, die Auge-Hand-Koordination im Abfahrtsski zu testen, wobei diese Erhebung im Schießsport hilfreich sein könnte.

Zusammenarbeit mit dem Trainer

Es wurde schon mehrfach angesprochen, wie wichtig die Vertrauensbeziehung zwischen Sportler und Sportpsychologen ist. Am Anfang eines diagnostischen Prozesses im Rahmen einer sportpsychologischen Betreuung im Leistungssport sollten daher vertrauensbildende Maßnahmen stehen. Diese Vertrauensbildung ist die Grundlage, damit sich die Sportler auf den diagnostischen Prozess einlassen und kooperieren. Bevor Athleten und Trainer in das Diagnoseverfahren einwilligen, sollten sie überzeugt sein, dass der Sportpsychologe sein Handwerk versteht, vertrauenswürdig ist und eine systematische Erhebung Vorteile mit sich bringt (s. Anhang).

Es ist sinnvoll, zunächst das Engagement des Trainers bezüglich der Erhebung und der einsetzten Verfahren abzuklären (s. Abb. 4). Der Cheftrainer ist dabei die wichtigste Person, so dass eine konstruktive Kooperation notwendig ist, wenn eine erfolgreiche Umsetzung und auch eine Integration des Sportpsychologen in die Mannschaft erfolgen sollen.

Nur wenn der (Chef-)Trainer von der Notwendigkeit und Wirksamkeit der sportpsychologischen Maßnahmen überzeugt ist, sind die notwendigen Zeiträume für Diagnostik und Intervention sicherzustellen. Der Trainer sollte, möglichst sogar vor dem Athleten, seine Verpflichtung (commitment) für eine konsequente Durchführung der sportpsychologischen Maßnahmen klar bekunden. Idealerweise erläutert er, dass für ihn sportpsychologische Maßnahmen ein Teil des regulären Trainings sind und räumt ihnen auch entsprechend Trainingszeit ein. Es funktioniert in der Regel nicht, wenn beispielsweise der Präsident sportpsychologische Maßnahmen über den Kopf des Trainers hinweg »verordnet«, wie die Autoren erlebt haben. In einem solchen Fall konnten sportpsychologische Teambildungsmaßnahmen mit einer Fußballmannschaft nicht realisiert werden, weil der Trainer nicht bereit war, dafür Trainingszeit zu reservieren.

Das entsprechende Engagement des Trainers muss daher in vorab geführten Gesprächen geklärt sein. In einem solchen Gespräch kann der Trainer Vertrauen in die Expertise des Sportpsychologen gewinnen und beide können ein gegenseitiges Verständnis für das gegenwärtige Problem entwickeln. Transparenz und Klarheit sind dabei oberstes Gebot. Um die Unterstützung des Trainers zu gewinnen, kann es manchmal hilfreich sein, ihn den jeweiligen Fragebogen ausfüllen zu lassen und ihm ein Feedback über die erhobenen Informationen zu geben. So kann man den Trainer beispielsweise beim Erholungs-Belastungs-

Fragebogen für Sportler (s. auch Kap. 6) eine spezifische Version zu einer so genannten Selbstuntersuchung ausfüllen lassen. Das Feedback über seinen individuellen Erholungs-Belastungs-Zustand ermöglicht es, dass Trainer schnell ein Verständnis dafür bekommen, welche Informationen aus einem Test herausgezogen werden können und was damit gemacht werden kann. Sportpsychologe und Trainer können sich dann darüber verständigen, wie weiter verfahren wird und welche Themen angesprochen werden sollen.

Die Interaktion mit dem Trainer ist für den Sportpsychologen auch deshalb elementar, weil er dadurch eine erste Orientierung und eine Idee erhält, worauf zu achten ist. Wie bereits oben beschrieben, sollten die nächsten Schritte informelle, explorative Beobachtungen und Interviews beinhalten. Es ist vorteilhaft, die Sichtweise, die man durch das Gespräch mit dem Trainer erworben hat, als Arbeitshypothese anzusehen, die einer Überprüfung bedarf. Es ist jedoch wichtig, einen gewissen Grad an Offenheit bezüglich der Definition der Problemsituation beizubehalten. Manchmal stellt sich heraus, dass die Sicht des Trainers nur eine von mehreren möglichen »Sichtweisen« ist.

Zusammenarbeit mit dem Sportler

Bei der ersten Besprechung mit der Trainingsgruppe oder Mannschaft sollte eine kurze Präsentation über das Ziel der Erhebung erfolgen. Sinn dieser Präsentation ist nicht, den Athleten Vorgaben für ihre späteren Antworten zu geben, sondern sie sowohl über die Ziele der Erhebung als auch darüber, wie sie davon profitieren können, zu informieren. Die besten sportpsychologischen Ergebnisse werden in Zusammenarbeit mit solchen Trainern erzielt, die vollständig in den Betreuungsprozess einbezogen werden und die

Sportpsychologie als einen integralen Teil des Trainingsprozesses ansehen.

Es ist weiterhin wichtig, den richtigen Zeitpunkt für die Durchführung der Erhebungen zu finden. Die Motivation der Athleten, eine Batterie von Fragebögen nach einem anstrengenden Training oder nach einer Niederlage auszufüllen, ist minimal. Eine diagnostische Trainingseinheit wird am besten von den Athleten angenommen, wenn es als reguläre Trainingszeit angekündigt wird, bei der es um mentale Aspekte ihres Sports geht.

Ein weiterer Hinweis auf den richtigen Zeitpunkt für die Erhebung ist der tatsächliche Trainingsplan, der beispielsweise eine Periodisierung vorsieht. Es gibt bestimmte Zeitpunkte während der Trainingsperioden, die als besonders kritisch eingestuft werden und zu denen Psychologen, Trainer und auch Athleten mehr darüber erfahren möchten, was gerade vor sich geht. Dies ist vor allem dann der Fall, wenn Fragebögen eingesetzt werden, die Zustände messen.

Die Qualität der erhobenen Daten wird durch eine Erhebung in einer entspannten Atmosphäre verbessert. Daher ist es ratsam, die Fragebögen in einer ungestörten Umgebung ausfüllen zu lassen. Jedoch ist das kaum umsetzbar, wenn der Psychologe mit einer großen Mannschaft arbeitet.

Wichtig ist, den Sportlern vor dem Ausfüllen hinreichende Information darüber zu geben, was der Zweck der Diagnose ist. Dies heißt in erster Linie, bei ihnen ein Verständnis zu entwickeln, dass ehrlich ausgefüllte Fragebögen von Nutzen für ihre Leistungsentwicklung sein können. Wenn unzureichende Information erteilt werden, könnten die Sportler auf eine falsche Fährte gelangen. Ein Negativbeispiel berichtet *Halliwell* (1990), der einen jungen Spieler beschreibt, der die Antworten eines erfahrenen Spielers abschrieb, um bei dem Test gut abzuschneiden. Seine Annahme war, dass der erfahrene Spieler wusste, welches die besten Antworten seien. Dieser Fall klingt vielleicht amüsant, ist aber ein gutes Beispiel dafür, was passieren kann, wenn der Sinn der Diagnose dem Sportler nicht hinreichend klar ist.

In die Argumentationslinie zur Überzeugung der Sportler gehört, dass diese darauf vertrauen können, nach der Erhebungswelle Informationen und Rückmeldungen zu bekommen und ihre Daten nicht »in falsche Hände« geraten. Das Wissen, dass man eine Rückmeldung erhält und nicht lediglich als »Datenobjekt« verwendet wird, verstärkt die Bereitschaft, mit der Erhebung zu beginnen und diese auch fortzuführen. Hierzu gehört auch, mit dem Sportler vorab zu klären, mit wem die Ergebnisse sonst noch besprochen werden dürfen, und auch ein Einverständnis des Sportlers zu bekommen, wenn die Befunde beispielsweise mit einem Mediziner oder Trainer besprochen werden sollen.

Auswahl diagnostischer Instrumente

Als Nächstes stellt sich die Frage, wie man als Sportpsychologe herausfindet, welche diagnostischen Instrumente für welches Problem eingesetzt werden können bzw. welche deutschsprachigen sportspezifischen Instrumente überhaupt existieren. Leider gibt es kein deutschsprachiges Werk, das mit dem im englischensprachigen Raum weit verbreiteten Kompendium von *Ostrow* (1996) vergleichbar ist, das einige hundert Instrumente enthält. Für den deutschsprachigen Raum existiert das bereits genannte »Handbuch Sportmotorische Tests« (*Bös* 2001). Allerdings sind, wie bereits erläutert, die meisten der dort aufgeführten Verfahren nur unzureichend publiziert und oft nur über die Testautoren zu

beziehen. Aktuellere Informationen zu neu entwickelten diagnostischen Verfahren sind den Publikationen in der Zeitschrift für Sportpsychologie zu entnehmen. Zusätzlich ist auch auf den Webseiten des Bundesinstituts für Sportwissenschaft ein Diagnostikportal im Aufbau (*www.bisp-sportpsychologie.de*). Mit diesem Portal werden den in der Praxis des Spitzensports tätigen Sportpsychologen normierte und für den Leistungssport angelegte sportpsychologische Diagnostikverfahren zur Verfügung gestellt. Die Fragebögen sind themenbezogen (z.B. Angst, Motivation) und nach der jeweiligen Zielgruppe (Trainerinnen/Trainer und Sportlerinnen/Sportler) unterteilt.

Im Folgenden wird eine Auswahl von für den Leistungssport geeigneten »diagnostischen« Instrumenten aufgeführt, die von den Autoren dieses Buches in ihrer Praxis eingesetzt werden. Dabei ist zunächst die Unterscheidung nach der Diagnose einer *Persönlichkeitseigenschaft* oder eines *Zustandes* zu treffen. Für die Diagnose von individuellen Unterschieden kommt es darauf an, ob aktuelle Zustände oder überdauernde Persönlichkeitseigenschaften (z.B. Ängstlichkeit) für das konkret anliegende Problem relevant sind.

Zur Diagnose von Zuständen gibt es erheblich weniger Fragebogenmaße als hinsichtlich stabiler Persönlichkeitseigenschaften. Zwei Verfahren seien hier angeführt, die nach der Vorstellung der Autoren besondere Bedeutung im Leistungssport haben.

Erholungs-Belastungs-Fragebogen Sport (EBF-Sport)

Der Erholungs-Belastungs-Fragebogen für Sportler (*Kellmann* u. *Kallus* 2000) ist ein Verfahren, das gleichzeitig Aspekte von Erholung und Beanspruchung erfasst. Die Auswertung der insgesamt 19 Subtests und 72

Items liefert ein quantitatives Profil des aktuellen Beanspruchungs- und Erholungszustand. Der EBF kann zum kontinuierlichen Monitoring der Erholungs-Belastungs-Bilanz von Athleten mit dem Ziel eingesetzt werden, Übertraining zu vermeiden. Da er auch psychologisch relevante Zustände misst (Selbstwirksamkeitsüberzeugung, persönliche Verwirklichung, Selbstregulation), kann der EBF ebenso zur Evaluation der Wirksamkeit sportpsychologischer Maßnahmen herangezogen werden. Auf den EBF wird ausführlich in Kapitel 6 eingegangen.

Wettkampfangst-Inventare

Wettkampfangst-Inventar-State (WAI-S)

Mit diesem Verfahren lässt sich die unmittelbare Angst (der Angstzustand) vor und in einem Wettkampf erfassen. In Anlehnung an das »Competitive Sport Anxiety Inventory-2« (CSAI-2; *Martens* et al. 1990) wurde ein deutscher Fragebogen zur Erfassung des aktuellen, momentanen Erlebens eines Angstzustandes in einer Wettkampfsituation entwickelt.

Das Wettkampfangst-Inventar-State (*Ehrlenspiel* et al. 2008) unterscheidet zwischen 3 Komponenten, nämlich der somatischen, der kognitiven und der Zuversichtskomponente.

- Auf der *somatischen Komponente* machen sich die körperlich-physiologischen Reaktionen wie Schwitzen, Herzpochen oder Zittern bemerkbar.
- Die *kognitive Komponente* bezieht sich auf gedanklich-mentale Reaktionen. Dazu gehören einerseits Sorgen, etwa über den Wettkampfausgang oder die eigene Leistung, und andererseits Konzentrationsstörungen, die von der eigentlichen Aufgabe ablenken.

- Die dritte Komponente erfasst geringes Selbstvertrauen und mangelnde *Zuversicht*.

Der WAI-S besteht insgesamt aus 12 Fragen, von denen sich jeweils 4 Items den 3 Komponenten somatische Angst, Kognition und Zuversicht zuordnen lassen.

Zur Diagnose von stabilen Persönlichkeitseigenschaften gibt es für den Leistungssport verschiedene Instrumente. Im Folgenden werden Persönlichkeitsmaße zur Ängstlichkeit, Motivation und Volition skizziert.

Wettkampfangst-Inventar-Trait (WAI-T)

Die Neigung oder Disposition, auf Wettkampfsituationen mit Angst zu reagieren, ist bei verschiedenen Sportlern unterschiedlich stark ausgeprägt. Das Wettkampfangst-Inventar-Trait (WAI-T; *Brand* et al. 2008) misst diese Neigung von Sportlern, auf Wettkampfsituationen mit Anzeichen von Angst zu reagieren. Unterschieden werden dabei in Anlehnung an die Sport Anxiety Scale (*Smith* et al. 1990) 3 Komponenten von Wettkampfängstlichkeit:

- Die *somatische Angst* beschreibt die persönliche Veranlagung von Personen, in Wettkampfsituationen körperlich spürbare Aufgeregtheit zu empfinden (z.B. feuchte Hände, Herzklopfen).
- Die *Besorgnis* charakterisiert demgegenüber die Veranlagung von Personen, in Wettkampfsituationen Selbstzweifel und spezifische Sorgen zu entwickeln oder negative Erwartungen zu bilden.
- *Konzentrationsstörungen* beschreiben die Neigung einer Person, sich im laufenden Wettkampf von irrelevanten Störungen ablenken zu lassen. Diese Störungen können beispielsweise Äußerungen oder Reaktionen von Zuschauern sein.

Das WAI-T besteht aus insgesamt 12 Fragen, von denen jeweils 4 Items den einzelnen Subskalen zugeordnet werden können.

Instrumente für die Bereiche Motivation und Volition

Volitionale Komponenten-Sport (VK-Sport)

Ziel des Fragebogens von *Elbe* und *Wenhold* (2005) ist es, die für den Leistungssport bedeutsamen Willenseigenschaften zu erfassen und dabei Fertigkeiten und Defizite in der Selbstregulation zu diagnostizieren. Der neu entwickelte Fragebogen unterscheidet zwischen Selbstoptimierung (29 Fragen), Selbstblockierung (9 Fragen), Aktivierungsmangel (13 Fragen) und Fokusverlust (9 Fragen) im Sport. Der Fragebogen besteht insgesamt aus 60 Fragen.

- Die *Selbstoptimierung* umfasst 11 Subskalen und erfasst Willenseigenschaften, die wichtig für eine Zielerreichung sind, wie z.B. positive Selbstbestimmung, Initiative, Entscheidungsfähigkeit und Zielsetzung. In einigen Skalen wird zwischen der Trainings- und Wettkampfsituation unterschieden.
- Der Bereich *Selbstblockierung* umfasst 3 allgemeine Subskalen, die der Zielerreichung im Weg stehen, nämlich Introjektionsneigung, ängstliche Selbstmotivierung und negative Emotionalität.
- *Aktivierungsmangel* bezieht sich darauf, ob Athleten mit der Aktivierung und Umsetzung von Plänen Schwierigkeiten haben. Die Skalen beinhalten 5 Subskalen zu den Bereichen Energiemangel, Nichtumsetzung von Vorsätzen, Trainingsaufschub sowie Anstrengungsvermeidung im Training und im Wettkampf.

- Schließlich umfasst der *Fokusverlust* 4 Subskalen zu den Bereichen Impulskontrolle, Wettkampfunlust, Konzentrationsschwäche im Training und im Wettkampf.

Handlungsorientierung im Sport (HOSP)

Der Fragebogen zur Handlungsorientierung im Sport (*Beckmann* 2003) wird zur Bestimmung der Handlungskontrolle in 3 Bereichen eingesetzt: nach *Misserfolgserlebnissen*, bei der *Handlungsplanung* und bei der (erfolgreichen) *Tätigkeitsausführung*. Jeder dieser Bereiche wird mit 12 Fragen erfasst. Handlungsorientierte (hoher HOSP-Wert) können nach einem sportlichen Misserfolg schnell abschalten und sich auf die aktuelle Handlung konzentrieren. Sie können gut planen sowie Entscheidungen schnell und effektiv treffen. Ferner können sie voll und ganz in einer sportlichen Handlung aufgehen und lassen sich währenddessen weder von äußeren Dingen noch vom inneren Grübeln ablenken. Den Gegenpol bilden Lageorientierte (niedriger HOSP-Wert). Lageorientierte sind grundsätzlich die Grübler, die sich nicht entscheiden können und schwer von einem Misserfolgserlebnis loskommen. Sie sind, wie bereits ausgeführt, in bestimmten Sportarten und Spielpositionen im Vorteil. Der Fragebogen besteht aus 36 Fragen mit je einer lage- und einer handlungsorientierten Antwortalternative.

Sportspezifisches Leistungsmotiv (AMS-Sport)

Das sportspezifische Leistungsmotiv (Achievement Motives Scale-Sport, *Elbe* et al. 2005) erfasst die beiden Leistungsmotivkomponenten *Hoffnung auf Erfolg* (HE) und *Furcht vor Misserfolg* (FM). Eine hohe Hoffnung auf Erfolg zeigt, dass Athleten sportliche Herausforderungen gerne wahrnehmen und dabei eine realistische Zielsetzung haben. Misserfolgsängstliche Personen meiden es, realistische Ziele zu setzen und begegnen sportlichen Herausforderungen eher ängstlich.

Da jedoch auch die Komponente Misserfolgsängstlichkeit das Ausmaß der Bedeutung beschreibt, die Leistungssituationen im Sport für die betreffende Person haben, macht es durchaus Sinn, beide Komponenten, »Hoffnung auf Erfolg« und »Furcht vor Misserfolg«, zu einem Gesamtmotivkennwert zu addieren.

Es gibt eine lange Version des AMS-Sport mit 30 Items und eine kürzere Version mit 10 Items.

Fragebogen zur Bestimmung der sportlichen Leistungsorientierung (SOQ-deutsch)

Der Sport Orientation Questionnaire (SOQ) wurde 1988 von *Gill* und *Deeter* in den USA publiziert und 2001 von *Elbe* ins Deutsche übersetzt. Ziel des SOQ ist es, individuelle, sportspezifische Unterschiede in der Leistungsorientierung zu bestimmen. Insgesamt besteht der SOQ aus den 3 Subskalen Wettkampforientierung (13 Fragen), Sieg-/Gewinnorientierung (6 Fragen) und Zielorientierung (6 Fragen). Der SOQ ermöglicht eine Aussage darüber, welche Bezugspunkte ein Athlet wählt, um seine sportliche Leistung zu beurteilen. Dabei kann sich ein Athlet gerne mit anderen messen, großen Wert auf einen sportlichen Sieg legen und/oder individuelle Ziele verfolgen, wie etwa das Verbessern der eigenen Leistung.

Task and Ego Orientation in Sport Questionnaire (TEOSQ-deutsch)

Dieser Fragebogen dient der Erfassung von Zielorientierungen (Aufgaben- und Egoorientierung) und wurde von *Rethorst* und *Wehrmann* (1998) aus dem Englischen übersetzt. Das Instrument besteht aus 2 Subskalen. Es wird davon ausgegangen, dass die Intention einer sportlichen Handlung einerseits im Beherrschen einer sportlichen Aufgabe (mastery goal) oder dem Zeigen von Leistungen in Wettkämpfen (performance goal) liegt. Alle Items beziehen sich auf die Aussage: »Ich fühle mich am erfolgreichsten im Sport, wenn…«. Die Skala *Aufgabenorientierung* umfasst 7 Items (z.B. »… ich eine neue Fertigkeit lerne und ich dadurch noch mehr üben möchte«). Im Gegensatz dazu umfasst die Skala *Egoorientierung* 6 Items (z.B. »... andere nicht so gut sind wie ich«).

Instrumente für die Bereiche Trainerverhalten

Ferner gibt es für den Leistungssport diagnostische Instrumente, die dazu geeignet sind zu beurteilen, wie ein bestimmtes Trainerverhalten von Athleten wahrgenommen wird bzw. welches Klima innerhalb einer Mannschaft oder Trainingsgruppe herrscht.

Leadership Scale Sport (LSS)

Mit diesem Fragebogen kann man das wahrgenommene Trainerverhalten messen. Das deutschsprachige Instrument, das von *Würth* et al. (1999) entwickelt wurde, basiert auf den in Großbritannien entwickelten Fragebogen von *Lee* et al. (1993). Die 4 Subskalen erfassen Instruktion (7 Items), positives Feedback (4 Items), soziale Unterstützung (5 Items) und demokratisches Verhalten (5 Items).

Perceived Motivational Climate Sport (PMC)

Zur Erfassung des motivationalen Trainingsklimas kann eine deutschsprachige Version des Perceived Motivational Climate in Sports Questionnaire (PMCSQ) von *Alfermann* et al. (1997) nach *Seifriz* et al. (1992) eingesetzt werden. Der Fragebogen besteht den 2 Subskalen wettbewerbsorientiertes Klima (9 Items) und aufgabenorientiertes Klima (6 Items).

Pausenverhaltensfragebogen (PVF)

Der Pausenverhaltensfragebogen von *Kellmann* und *Weidig* (2007) erfasst Trainerverhalten in Spiel- und Wettkampfpausen (im Sinne von Wettkampfunterbrechungen, z.B. Halbzeit, Satzpause etc.) aus den 3 Perspektiven: Trainer, Spieler/Athlet, Sportpsychologe. Der Fragebogen ist komplett evaluiert, getrennt nach Mannschafts- und Individualsportarten. Jede Skala besteht aus 4 Items, so dass der Mannschaftsfragebogen 44 Items und der Individualbogen 40 Items hat. Für die Beobachtungsperspektive (= sportpsychologische Perspektive) wird eine eigene Anleitung bereitgestellt, wie Beobachtung und Beurteilung des Trainerverhaltens erfolgen soll.

Diagnostik zur Evaluation der Intervention

Auch der Erfolg sportpsychologischer Interventionen kann diagnostiziert werden. Wie beschrieben (Abb. 4), sollten Diagnostik und Intervention nicht als einmaliges Ereignis, sondern als fortlaufender Prozess aufgefasst werden. Anfängliche Hypothesen über Probleme eines Sportlers können sich im Betreuungsprozess als falsch herausstellen. Dies erfordert eine erneute oder neu fokussierte Diagnostik. Der tatsächliche Erfolg der eingesetzten Interventionen sollte überprüft werden, um diese gegebenenfalls zu verändern oder zu optimieren. Im englischsprachigen Raum liegen hierfür zahlreiche Instrumente vor (z.B. *Durand-Bush* et al. 2001), in deutscher Sprache gibt es jedoch keinen speziell für die Evaluation entwickelten Fragebogen. Ohne ein solches Instrument ist es schwierig zu beurteilen, ob und inwieweit eine Interventionsmaßnahme greift und wie erfolgreich das Grundlagen- bzw. Fertigkeitstraining durchgeführt wurde.

Um dennoch eine Evaluation vorzunehmen, besteht die Möglichkeit, die zur Eingangsdiagnostik eingesetzten Instrumente nochmals einzusetzen und zu überprüfen, ob sich Veränderungen zeigen. Dies ist z.B. hinsichtlich ausgewählter volitionaler Komponenten oder der Ängstlichkeit möglich. Der Erstautor setzte den EBF-Sport wiederholt ein, während er mit einem Profiboxer arbeitete. Zuerst wurde dieses Instrument verwendet, um kritische Bereiche im Erholungs-Belastungs-Zustand des Boxers zu identifizieren und daraus Interventionen abzuleiten. Nachdem der erste EBF analysiert wurde, wurde das Profil mit dem Athleten diskutiert. In dieser Sitzung erhielt der Athlet Rückmeldung über Bereiche, die als kritisch einzustufen waren. Dann diskutierte der Sportpsychologe Methoden, die angewandt werden könnten, um die Ziele zu erreichen. Beim wiederholten Einsetzen des EBF-Sports konnte der Sportpsychologe anhand des Profils erkennen, ob die Intervention erfolgreich war. Dies zeigte sich in einem Anstieg der wahrgenommenen Fähigkeit zur Selbstregulation ebenso wie in einer Zunahme der Erholungswerte und der Wahrnehmung von Erfolg (Abb. 5).

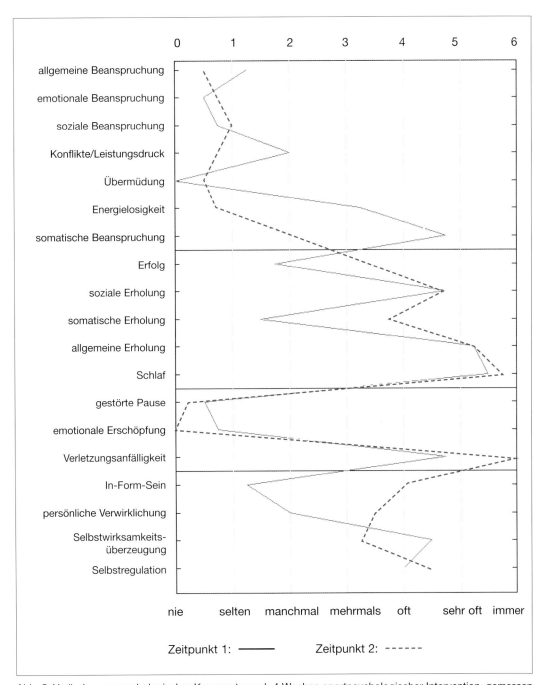

Abb. 5 Veränderung psychologischer Kennwerte nach 4 Wochen sportpsychologischer Intervention, gemessen über den EBF.

Abschließende Bemerkungen

Sportpsychologische Diagnostik ist nach unserer Vorstellung für eine angemessene Intervention unerlässlich. Die Erkenntnisse der Diagnostik können immer nur so gut sein, wie es die eingesetzten Verfahren sind. Der diagnostische Erkenntnisgewinn sollte als systematischer Prozess aufgefasst werden, in dem die Antworten auf klar gestellte Fragen immer klarer werden sollten.

Wann kommt eine Diagnostik zu einem guten Ergebnis?
- Wenn problemrelevante Fragen beantwortet werden und das Thema nicht verfehlt wird.
- Wenn alle diagnostisch relevanten Informationen verwertet werden.
- Wenn Antworten nachvollziehbar begründet werden können.

- Wenn Unentscheidbares kenntlich gemacht wird (um ggf. gezielt weitere Untersuchungen durchzuführen).

Damit wird eine Grundlage geschaffen, die für eine Intervention, die nicht ins Blaue hineingeht, genutzt werden kann.

Weiterführende Literatur

Amelang, M., Schmidt-Atzert, L. (2006). Psychologische Diagnostik und Intervention. Berlin: Springer-Verlag.
Bös, K. (Hrsg., 2001). Handbuch motorische Tests: sportmotorische Tests, motorische Funktionstests, Fragebogen zur körperlich-sportlichen Aktivität und sportpsychologische Diagnoseverfahren. Göttingen: Hogrefe, 2001.

3 Persönlichkeit und Persönlichkeitsentwicklung

Einleitung

Nach den persönlichen Erfahrungen der Autoren sind Spitzensportler in der Regel auch außergewöhnliche Persönlichkeiten. Das ist sicher nicht überraschend, denn die Strapazen eines jahrelangen Trainings, der Umgang mit Wettkampfdruck verlangen nach »mentaler Stärke« im Hinblick auf Durchhaltevermögen, Selbstmotivierung und Willensstärke. Menschen unterscheiden sich in der Ausprägung diesbezüglicher Eigenschaften. Alltagssprachlich wird in diesem Zusammenhang oft von einer »starken Persönlichkeit« gesprochen. Was aber ist eigentlich Persönlichkeit? Was zeichnet eine starke Persönlichkeit aus? Handelt es sich um angeborene Merkmale, die auch als vorgegebene psychologische Talentkriterien gelten können, oder können sich solche Eigenschaften entwickeln? Können sie vielleicht sogar systematisch entwickelt werden im Sinne einer Talentförderung?

Für die Praxis stehen im Zusammenhang mit Persönlichkeit folgende Fragen im Vordergrund:
- Wie kann man die leistungsförderlichen Persönlichkeitseigenschaften eines Sportlers erkennen?
- Kann man Sportler anhand von Persönlichkeitsmerkmalen im Sinne einer Talentselektion auswählen?
- Kann man eine Sportlerpersönlichkeit gezielt entwickeln?

Wenn Spitzensportler außergewöhnliche Persönlichkeiten sind, schließt sich für Trainer und Betreuer unter Umständen noch eine weitere Frage an: Wie gehe ich mit einer starken Persönlichkeit um? Vor allem Letzteres ist ein wichtiges Thema, denn viele gerade aufgrund ihrer »starken Persönlichkeit« viel versprechenden Sporttalente steigen aus (drop out), weil ihre Stärken z.B. vom Trainer nicht erkannt und/oder nicht individuell berücksichtigt werden (*Elbe* et al. 2003 a). Starke Persönlichkeiten werden oft als nicht sehr umgänglich empfunden, weil sie selbstbewusst sind, wissen, was sie wollen, und nicht widerspruchslos konform sind. Diese Eigenschaften der »starken Persönlichkeit« werden auch unter dem Begriff der mentalen Härte (mental toughness) und Zähigkeit (hardiness) zusammengefasst.

Was ist Persönlichkeit?

Im allgemeinen psychologischen Verständnis repräsentiert der Begriff Persönlichkeit »jene Merkmale einer Person, die konsistente Verhaltensmuster erklären« (*Pervin* 2000). Diese Merkmale werden in der Persönlichkeitspsychologie oft als relativ stabile Eigenschaften aufgefasst. Die Persönlichkeit eines Individuums setzt sich nach Ansicht von Eigenschaftstheoretikern aus verschiedenen Kerneigenschaften zusammen. *Cattel* (1957) nahm an, dass es 16 solcher Kerneigenschaften gibt. Diese werden durch den 16PF-Persönlichkeitstest erfasst. In der gegenwärtigen Persönlichkeitspsychologie geht man hingegen nur noch von 5 Faktoren, den »Big Five« aus. *Paul Costa* und *Robert McCrae* sowie *Warren Norman* und *Lewis Goldberg* entdeckten in den 1970er-Jahren in unabhängigen Studien Folgendes: Die meisten menschlichen Persönlichkeitseigenschaften können mittels 5 Persönlichkeitsdimensionen beschrieben werden, unabhängig von der jeweiligen Sprache oder Kultur (*Costa u. McCrae* 1985). In der Psychologie sind die Big Five heute das am weitesten akzeptierte und verwendete Modell der Persönlichkeit.

»Big-Five«-Persönlichkeitseigenschaften

- *Extraversion – Introversion:* gesellig, humorvoll, optimistisch, zurückhaltend, verschlossen, schweigsam, lebhaft, temperamentvoll
- *emotionale Stabilität – emotionale Instabilität (Neurotizismus):* verlegen, nervös, traurig, ängstlich, verletzbar, launenhaft, unsicher
- *Offenheit (für Erfahrungen) – Verschlossenheit:* gebildet, wissbegierig, phantasievoll, schlagfertig, einfallsreich, scharfsinnig, uninteressiert, ignorant
- *soziale Verträglichkeit, Liebenswürdigkeit – Unverträglichkeit:* bescheiden, hilfsbereit, aufrichtig, warmherzig, rücksichtsvoll, altruistisch, mitfühlend, wohlwollend, kooperativ, harsch, streitsüchtig, fordernd
- *Gewissenhaftigkeit, Sorgfältigkeit – Nachlässigkeit, Gleichgültigkeit:* hart arbeitend, sorgfältig, zuverlässig, gewissenhaft, fleißig, pflichtbewusst, unpünktlich, unordentlich

Diese Persönlichkeitseigenschaften sind Dimensionen, auf denen jede Person einzuordnen ist. Dabei gibt es die zwei Endpunkte oder Pole, die oft auch alltagssprachlich relevant sind: Extraversion – Introversion, emotionale Stabilität – Instabilität, Offenheit – Verschlossenheit, soziale Verträglichkeit – Unverträglichkeit, Gewissenhaftigkeit – Nachlässigkeit.

Die Persönlichkeitsforschung hat damit einige grundlegende Muster der menschlichen Persönlichkeit identifiziert. Im Kontext dieses Buches ist dabei von besonderer Bedeutung, dass diese Untersuchungen mit der verbreiteten Sichtweise aufräumen konnten, die Persönlichkeit sei ab dem Alter von 30 Jahren unveränderbar. Tatsächlich verändert sich die Persönlichkeit weiter, wobei das genaue Muster der Veränderung von der jeweiligen Eigenschaft abhängt. Darauf wird am Ende des Kapitels näher eingegangen.

Wenn wir in diesem Buch von Persönlichkeitseigenschaft sprechen, beziehen wir uns in erster Linie auf individuelle Unterschiede. Wir betrachten nicht die gesamte Komposition einer Persönlichkeit, die Organisation der verschiedenen Eigenschaften einer Person, sondern verfolgen eher einen pragmatischen, engmaschigeren Ansatz (*Jarvis* 2006), der einzelne individuelle Merkmale ins Zentrum rückt. Wenn es um solche individuellen Unterschiede geht, stellen sich Fragen wie: Warum behält der eine Sportler die Nerven beim entscheidenden Elfmeter, während der andere versagt? Wieso lassen sich nicht alle Spieler einer Mannschaft für anspruchsvolle Leistungsziele begeistern?

Wie im sonstigen Leben gibt es auch zwischen Sportlern starke individuelle Unterschiede im Hinblick auf psychische Merkmale. Solche Persönlichkeitseigenschaften können für die sportliche Leistung förderlich, aber auch hinderlich sein. Zudem bedarf es bei solch unterschiedlichen Persönlichkeitseigenschaften unter Umständen auch eines unterschiedlichen Umgangs des Trainers mit den Sportlern.

Es stellt sich die grundlegende Frage, welche Bedeutung diese Persönlichkeitsfaktoren im und für den Sport spielen. In diesem Buch interessiert insbesondere die Frage, welche Rolle sie in der sportpsychologischen Betreuung spielen. Dazu müssten sie in einem systematischen Zusammenhang mit dem Sporttreiben stehen. Um diese umstrittene Frage geht es im Folgenden.

Gibt es einen Zusammenhang von Sport und Persönlichkeit?

Viele Lehrbücher der Sportpsychologie bestreiten einen Zusammenhang von Sport und Persönlichkeit: Weder sei ein Einfluss des Sporttreibens auf die Persönlichkeitsentwicklung nachgewiesen, noch gäbe es einen bestätigten Zusammenhang von Persönlichkeitsmerkmalen und sportlicher Leistung (z.B. *Bakker* et al. 1992). Tatsächlich zeigen empirische Untersuchungen zum Zusammenhang von sportlicher Aktivität und Persönlichkeit bis heute ein sehr uneinheitliches Bild (vgl. *Roberts* 1992, *Sack* 1975, *Singer* 2000). Den Praktiker (z.B. Trainer) dürfte dies überraschen, weil er in seiner täglichen Arbeit mit den unterschiedlichen Herangehensweisen und Reaktionen der verschiedenen Sportler konfrontiert ist.

Conzelmann (2001) hat sich sehr intensiv mit dieser Problematik auseinander gesetzt. Er kommt zu dem Schluss, dass der Grund für die den Alltagserfahrungen widersprechenden Untersuchungsbefunde zum Verhältnis von »Sport und Persönlichkeit« vor allem darin liegen dürfte, dass allgemeine Persönlichkeitsmerkmale in Bezug zu sportlichem Verhalten gesetzt werden, ohne dass überhaupt eine spezifische Verbindung dieser Persönlichkeitseigenschaft mit dem untersuchten Sport zu erwarten wäre. Es müsste also wesentlich stärker auf das spezielle Anforderungsprofil im Sport und verschiedene Sportarten eingegangen werden.

Für den Praktiker sind Persönlichkeitsmerkmale wichtige Faktoren für Leistung im Sport. Dabei geht es vor allem um die Frage, wer trainiert in hinreichendem Maße und bleibt trotz aller Mühen dabei. Psychologisch gesehen geht es um Motivation und Willen. Diesbezüglich gibt es offensichtlich grundlegende Persönlichkeitsmerkmale, die Motive, für eine erfolgreiche Betätigung im Wettkampf- und Leistungssport, unabhängig von spezifischen Anforderungsprofilen in einzelnen Sportarten. So resümiert *Sack*, dass »die Welt des (Hoch-)Leistungssports so strukturiert (ist), dass Individuen mit bestimmten Merkmalskombinationen zum Verbleiben in oder zum Ausscheiden aus einem System veranlasst werden« (1980, S. 223). Es liegt nahe, dass im Leistungssport insbesondere das Leistungsmotiv ein wichtiges Persönlichkeitsmerkmal sein sollte. Allerdings schließt sich hier wieder die Frage an, ob eine Person, deren Leistungsstreben von sportlichen Anreizen angeregt wird, dieselbe Anregung von einer schwierigen Mathematikaufgabe erhält. Persönlichkeitseigenschaften können eben auch sehr bereichsspezifisch sein, z.B. nur auf den Bereich des Sports oder aber nur auf den Bereich der Mathematik bezogen sein.

Einen Zusammenhang von Sport und Persönlichkeit sollte man gemäß dieser Argumentation dann finden können, wenn 1. die funktionalen Zusammenhänge berücksichtigt werden, d.h. welche Persönlichkeitseigenschaften braucht ein Sportler in einer bestimmten Sportart, um erfolgreich zu sein, und 2. sollten diese Persönlichkeitseigenschaften dann auch speziell im Hinblick auf Sport oder sogar die spezielle Sportart, also sportspezifisch, gemessen werden.

Selektions- und Sozialisierungshypothese

Zum Zusammenhang zwischen Sport und Persönlichkeit werden vor allem in der älteren sportpsychologischen Forschung zwei Modellvorstellungen vertreten: die Selektions- und die Sozialisierungshypothese.

Selektionshypothese: Diese Hypothese geht davon aus, dass es ein Muster verschiedener Persönlichkeitseigenschaften gibt, das Individuen zum Sporttreiben anregt. Individuen, die eine günstige oder die günstigste Kombination dieser Persönlichkeitsmerkmale besitzen, gehen in den Sport, bleiben dabei und sind erfolgreich. Diejenigen, denen diese Merkmale fehlen, treiben – falls sie überhaupt anfangen – nicht lange Sport.

Aus dieser Vorstellung folgt die weitergehende Annahme, dass Anfänger und erfolgreiche Athleten ähnliche Persönlichkeitsprofile haben, denn diese Profile sind es schließlich, die die besondere Eignung für die Sportart und damit den Erfolg in dieser Sportart ausmachen. Im Lauf der Karriere mag sich lediglich der Ausprägungsgrad dieser Merkmale verändern. In dieser Vorstellung bleiben Einflüsse durch das Umfeld weitgehend unberücksichtigt, da nur von der Persönlichkeit ausgegangen wird und Wechselwirkungen nicht angenommen werden.

Sozialisierungshypothese: Ganz anders ist die Vorstellung bei der Sozialisierungshypothese. Hier geht man davon aus, dass Individuen eine Sportart beginnen, ohne über ein dieser Sportart entsprechendes spezifisches Muster von Persönlichkeitseigenschaften zu verfügen. Es bleiben aber nur diejenigen dabei und erzielen Erfolge, die – entweder durch Veränderung bestehender und veränderbarer Persönlichkeitsmerkmale oder durch den allmählichen Abbau nicht geeigneter Muster (*Singer* u. *Haase* 1975, S. 31) – zu geeigneten Mus-

tern gelangen. Nach der Sozialisierungshypothese wären zwar nicht bei Anfängern, jedoch bei erfolgreichen Athleten gleichartige Persönlichkeitsmuster zu erwarten. Außerdem wird hier davon ausgegangen, dass sich die vorhandenen Persönlichkeitsmerkmale verändern können, also nicht stabil sind.

Sowohl die Selektions- als auch die Sozialisierungshypothese besitzen eine hohe Relevanz für die Praxis. Bei der Selektionshypothese geht es letztlich auch darum, ob bestimmte Persönlichkeitseigenschaften Grundlage für eine erfolgreiche Karriere sind. Mit anderen Worten geht es hier um Talentauswahl. Bei der Sozialisationshypothese geht es zum einen darum, ob man eine Persönlichkeit durch Sport verändern kann, z.B. mehr Gelassenheit und Konzentration beispielsweise durch Golfspielen erreichen kann. Dieser Ansatz beinhaltet zum anderen aber auch die Vorstellung, dass die Persönlichkeitseigenschaften von Nachwuchssportlern gezielt entwickelt werden können, im Sinne einer Talentförderung.

Befunde zur Selektionshypothese

Eine Reihe von Untersuchungen scheinen Unterstützung für die Selektionshypothese zu liefern. *Gabler* stellt aufgrund einer Untersuchung von 1981 fest, dass eine »größere Erfolgszuversichtlichkeit und eine geringere Misserfolgsängstlichkeit bedeutsame Voraussetzungen dafür sind, dass die Leistungsbereitschaft für ein Training über eine längere Zeit hinweg aufrechterhalten wird« (*Gabler* 1986 a, S. 90). Je geringer die Erfolgszuversichtlichkeit (das Erfolgsmotiv) ausgeprägt ist und je höher die Misserfolgsängstlichkeit (das Misserfolgsmotiv), desto wahrscheinlicher ist nach *Gabler* eine Reduzierung oder ein Abbruch des sportlichen Trainings. In einer Studie von *Thomassen* und *Halvari*

(1996) wurde ein signifikant positiver Zusammenhang zwischen dem Erfolgsmotiv und dem Umfang an leistungssportlichem Training sowie dem sportlichen Erfolg gefunden. Im Gegensatz dazu korreliert eine starke Ausprägung des Misserfolgsmotivs negativ mit dem Sporterfolg.

Die genannten Untersuchungen können allerdings letztlich nicht ausschließen, dass im Lauf der leistungssportlichen Entwicklung eine Veränderung der Motive über Sozialisierung erfolgt. Dies liegt daran, dass die Ausprägung des Persönlichkeitsmerkmals nur zu einem Zeitpunkt während der sportlichen Karriere gemessen und nicht im Entwicklungsverlauf betrachtet wurde. Nur wenn die Nachwuchssportler in einer Längsschnittstudie in ihrem Karriereverlauf begleitet werden, kann man weitestgehend ausschließen, dass solche Unterschiede im Leistungsmotiv nicht erst durch die Sozialisation im Sport entstanden sind.

Aber auch aus einer solchen Längsschnittuntersuchung gibt es Hinweise darauf, dass die Selektionshypothese Berechtigung hat. So fanden *Elbe* et al. (2003 b) in einer Untersuchung, die Sportinternatsschüler über 6 Jahre begleitete, dass als Talente selegierte Nachwuchsathleten eine niedrigere Ausprägung der Furcht vor Misserfolgskomponente aufweisen als Schüler einer Vergleichsschule, die keinen Leistungssport betreiben. *Seidel* (2005) fand bei seiner Längsschnittuntersuchung des Leistungsmotivs bei Eliteschülern des Sports Folgendes: Je höher die sportliche Leistung bei den Leichtathleten war, desto höher war auch das Erfolgsmotiv ausgeprägt. Andere Untersuchungen im Sport, in denen das Leistungsmotiv mit verschiedenen Fragebogenmaßen erhoben wurde, kommen zu ähnlichen Ergebnissen. *Gill* und *Deeter* (1988) konnten durch Einsatz des Sport Orientation Questionnaires zeigen, dass vor al-

lem die Wettkampforientierung bei amerikanischen Leistungssportlern stärker ausgeprägt ist als bei Nicht-Leistungssportlern. *White* und *Dudas* (1994) Untersuchung mit dem Task and Ego Orientation in Sport Questionnaire zeigt, dass Leistungssportler auf College-Niveau eine höhere Egoorientierung aufweisen als Leistungssportler auf dem niedrigeren Highschool-Niveau. *Hellandsig* (1998) setzte bei norwegischen jugendlichen Leistungssportlern den Sport Orientation Questionnaire ein und fand, dass ein hoher Wert auf der Skala Wettkampforientierung sowie ein niedriger Wert auf der Skala Gewinnorientierung sportartübergreifend zukünftige hohe sportliche Leistungen über einen Zeitraum von 3 Jahren vorhersagte. Das heißt, dass die leistungsstärkeren Athleten sich bereits 3 Jahre zuvor durch eine höhere Wettkampforientierung und eine niedrigere Gewinnorientierung auszeichneten.

Die berichteten Forschungsbefunde sprechen dafür, dass relativ allgemeine, spätestens ab der Pubertät stabile Persönlichkeitsmerkmale, wie Motive, Relevanz für die leistungssportliche Karriere besitzen. Sie können, mit gewisser Vorsicht, also durchaus als »psychologische Talentkriterien« bei einer Selektionsentscheidung Beachtung finden. Wir werden später jedoch für ein differenziertes, entwicklungsorientiertes Betrachten bei solchen Entscheidungen plädieren.

Befunde zur Sozialisierungshypothese

Neben Fragen der Selektion (z.B. »Hat das Talent ein hinreichend hohes Leistungsmotiv?«) sind in der Praxis natürlich besonders Fragen der richtigen Förderung der Talente von Interesse: »Wie kann man die Persönlichkeit so entwickeln, dass sie eine gute Leistungsgrundlage liefert?« Dies kann unter anderem durch die Gestaltung der Umwelt geschehen, denn die meisten Persönlichkeitsmerkmale sind nur relativ stabil – also nicht unveränderbar. Umwelten können durch dauerhaftes Schaffen bestimmter Situationen (z.B. Eintreten in eine Trainingsgruppe) hergestellt werden. Eine Veränderung der Umwelt kann durch langfristige Änderungen von Situationen erfolgen (z.B. Freundschaften mit den Trainingskameraden beginnen oder beenden).

Das Leben in einem Sportinternat stellt eine besondere Umweltsituation dar. Gibt es hier positive oder negative Sozialisationseffekte? *Armstrong* (1984) analysierte sportbetonte Internate in England und den USA. Er schloss, dass Sport zum Erwerb lebenslanger Werte wie Kooperation und Fairness verhilft. Etwas detaillierter wurde dieser Frage in der bereits angesprochenen, von 1998–2004 durchgeführten Längsschnittsstudie nachgegangen (*Beckmann* et al. 2006). Tatsächlich hatten die spezifischen Umweltbedingungen Einfluss auf die Persönlichkeitsentwicklung der sportlichen Talente. Dabei war ein wesentlicher Unterschied dadurch bedingt, ob die Nachwuchssportler zu Hause bei ihrer Familie oder aber im Sportinternat wohnten, sich also nahezu permanent im sportlichen Kontext bewegten. Im Vordergrund standen bei dieser Untersuchung Persönlichkeitsmerkmale, die von unmittelbarer Relevanz für sportliche Leistungen in verschiedenen Sportarten sein sollten: nämlich motivationale und auf den Willen bezogene (volitionale) Persönlichkeitsmerkmale. Nach unserer Auffassung sind diese Persönlichkeitsmerkmale Kernelemente einer mentalen Härte und Zähigkeit (mental toughness and hardiness), die sich als bedeutsam für sportliche Leistung gezeigt haben.

Beim Vergleich der Wohnbedingungen innerhalb der Gruppe der Sportschüler ließ sich bei den im Internat Untergebrachten eine Entwicklung zu einer Steigerung ihrer Selbstregulationsfertigkeiten nachweisen, während dies bei den zu Hause wohnenden Sportschülern nicht der Fall war. Ihre Werte sanken über den Untersuchungszeitraum sogar eher. Offensichtlich profitieren die Internatsbewohner mit Blick auf die Selbstregulation. Interessanterweise ergab sich ein entsprechender Sozialisierungseffekt in starkem Maße direkt nach der Einschulung (*Szymanski* et al. 2004).

Für die beobachteten Entwicklungsvorteile der Internatsbewohner scheint die Einstiegsphase in das Verbundsystem zentral zu sein. Gerade das Durchleben dieser oft als krisenhaft beschriebenen und erlebten Zeit (vgl. *Brettschneider* u. *Klimek* 1998, *Cookson* u. *Persell* 1985) ist offenbar nicht grundsätzlich negativ, sondern mit Blick auf die Volition sogar förderlich. Genau in dieser Zeit ist bei den Internatsbewohnern eine stärkere Entwicklung des Kontakts zu Gleichaltrigen festzustellen. Sie geben bei der Frage nach der Freizeitgestaltung signifikant häufiger an, mit Freunden zusammen zu sein als die zu Hause wohnenden Jugendlichen (*Elbe* u. *Beckmann* 2002); d.h., dass mit dem Eintritt in die Schule die Heimfahrer seltener Freunde treffen, während die Internatsbewohner dies in zunehmendem Maße tun. Die Vermutung eines Zusammenhangs liegt nahe.

Allerdings ist der Sport nicht die alleinige Ursache für diese Entwicklung. Vielmehr liefert das Sportinternat die Voraussetzung zum vermehrten Kontakt mit Gleichaltrigen in der Freizeit. Damit gibt es günstige Interaktionsräume für die Herausbildung der Selbstregulation. In der speziellen Situation des Einstiegs in das System sind die im Internat Wohnenden in wesentlich stärkerem Maße als die Heimfahrer darauf angewiesen, sich neue Bezugssysteme zu Gleichaltrigen aufzubauen und zwar neben Schule und Training zusätzlich im Internat. Sie müssen sich in allen Bereichen behaupten, die eigene Position einschätzen und hinterfragen können, bis sie den Kontakt mit Gleichaltrigen als »mit Freunden zusammen sein« bezeichnen können.

Studien von *Cookson* und *Persell* (1985) bestätigen weiter das Bedürfnis von Internatsbewohnern, möglichst bald einer Clique anzugehören und darüber Sicherheit und Unterstützung zu erfahren. Diese verstärkte Form der Auseinandersetzung mit den eigenen sozialen Rollen (*Sturzbecher* u. *Lenz* 1997) begünstigt die beobachtete Entwicklung volitionaler Komponenten. Gerade die Auseinandersetzung mit Misserfolg, der in sportlichen Leistungssituationen unumgänglich ist, führt aber ferner dazu, dass sich die volitionale Komponente der Misserfolgsbewältigung positiv entwickelt. Dies wiederum ist, wie im Zusammenhang mit der Selektionshypothese angesprochen wurde, eine wichtige allgemeine Grundlage für eine günstige Entwicklung der leistungssportlichen Karriere.

Veränderung von Persönlichkeitsmerkmalen – Persönlichkeitsentwicklung

Ganz im Sinne der Sozialisierungshypothese wird in der Gesellschaft oft davon ausgegangen, dass Sport »charakterbildend« sei. *Ewing* et al. (2002) meinen, dass Sport in mehrer Hinsicht positiv auf die kindliche Entwicklung wirkt:

- Steigerung der Fitness,
- Erhöhung der sozialen Kompetenz,
- Steigerung der physischen Kompetenz,
- Unterstützung der moralischen Entwicklung,
- Reduktion von Aggression,
- allgemeine Erziehung.

In idealisierter Form soll Sport ein Mittel zur Vermittlung positiver, charakterlicher Werte

sein, wie Fairness, Selbstkontrolle, Mut, Durchhaltevermögen, Loyalität und Kooperation (*Shields* u. *Bredemeier* 1995, S. 174). Der Philosoph *Peter Arnold* (1984) meint Bezug nehmend auf *Kants* Begriff der Selbstfindung, dass die moralische Selbstfindung im Sport möglich sei, wenn die Teilnehmenden persönliche Verantwortung dafür übernehmen, wie der Sport ausgeübt wird, und die Verantwortung nicht an Trainer oder Funktionäre übertragen. Um eine solche Verantwortung zu übernehmen, bedürfe es der Selbstachtung: Diese beruhe auf einer positiven Bewertung der eigenen Person (Selbstwert) und einem Vertrauen, eigene Absichten realisieren zu können (Selbstvertrauen). Um Selbstwert und Selbstvertrauen gehe es aber im Sport ganz zentral. Für *Arnold* ist absichtlicher Betrug im Sport nicht einfach nur schlechter Sport, sondern überhaupt kein Sport mehr. Demnach wäre ein großer Teil des modernen Leistungssports überhaupt kein Sport mehr. Belässt man hier den Sportbegriff, so sind zahlreiche Autoren doch sehr skeptisch, ob Beteiligung am Wettkampfsport positiv zur Charakterbildung beiträgt: *Leonard* (1972, S. 77) meint, »... falls Sport charakterbildend ist, dann für einen Charakter, der zu einem Kriminellen passt«. *Ogilvie* und *Tutko* veröffentlichten 1971 einen Artikel mit dem Titel »Sport: Wenn Du Deinen Charakter entwickeln möchtest, probiere was anderes«.

Tatsächlich sind wissenschaftliche Befunde zur Frage der Persönlichkeitsentwicklung durch Sport eher zwiespältig. Sportspiele bieten die Möglichkeit, Kooperation und Wettkampf zu erfahren und darüber soziale Kompetenz zu entwickeln. Aber die Teilnahme am Sport scheint keine hinreichende Bedingung zu sein, dass dies auch tatsächlich passiert. *Kohn* (1986) ist sogar der Meinung, dass Wettkampf eher antisoziales Verhalten fördert. Manche Befunde belegen tatsächlich ein negativeres Sozialverhalten von Wettkampfsportlern im Vergleich zu Personen, die keinen Wettkampfsport betreiben, z.B. größere Vorurteile und mehr Aggressionspotenzial (*Kleiber* u. *Roberts* 1983, *Muir* u. *Seitz* 2004, *Shields* 1999). Dies könnte mit veränderten Wertvorstellungen im modernen »Erfolgskult« des Sports zusammenhängen, die eine entsprechende Sozialisation bewirken. So meint *Grupe* (2000), dass in einem »auf Fernsehwirkung, Spannung und Massenunterhaltung hin präparierten« Hochleistungssport nur der Sieg zähle und dieser alle Mittel zu heiligen scheine. So scheint denn auch »Fairness« ein Wert zu sein, der zunehmend verloren geht, was sich in Vorteilsnahme durch Doping äußert oder auch dadurch, dass es als taktisch klug gilt, starke Gegner durch brutale Fouls möglichst rasch wettkampfunfähig zu machen. Ferner hat die instrumentelle Aggression von Stars Vorbildwirkung (*Muir* u. *Seitz* 2004, *Smith* u. *Stewart* 2003). Hier zeigt sich auch eine deutliche Entwicklung zum Negativen über die Altersklassen: Fairness nimmt mit höheren Klassen ab, Erfolg und Sieg um jeden Preis werden immer wichtiger. Dies sind allerdings keineswegs nur Befunde aus jüngster Zeit (*Kähler* 1985, *McAfee* 1955, *Webb* 1969).

Es gibt jedoch Untersuchungen, die eine »Charakterbildung« durch Sport belegen. Aufgrund seiner bereits oben genannten Untersuchung von Schülern sportbetonter Internate kommt *Armstrong* zu dem Schluss, Sport erziehe dazu, »ein Gentleman zu sein«. *Kirkcaldy, Shephard* und *Siefen* (2002) fanden in einer Untersuchung mit 998 deutschen Jugendlichen, dass diejenigen, die regelmäßig Sport trieben, ein positiveres Selbstbild hatten, eine bessere mentale Gesundheit aufwiesen sowie weniger rauchten und tranken.

Hastie und *Sharpe* (1999) führten ein Sportprogramm mit 20 australischen Jugendlichen durch, die als delinquenzgefährdet galten. In diesem Sportprogramm wurde insbesondere das »Fairplay« betont. Tatsächlich zeigte sich nach Ende des Programms eine deutliche Verbesserung im Unterrichtsverhalten und der Interaktion mit anderen. Allerdings muss man hinsichtlich dieser Studie kritisch anmerken, dass im hier durchgeführten Sportprogramm vor allem Wert auf prosoziales Verhalten gelegt wurde, während der »Erfolgskult« im wettkampforientierten Sport, wie oben ausgeführt, andere Orientierungen nahe legt.

Ganz offensichtlich ist die Richtung, die die Persönlichkeitsentwicklung im Sport nimmt, nicht vom Sporttreiben allein abhängig, sondern von den Personen im Umfeld des jungen Sporttreibenden. Dabei spielt vor allem der Trainer eine entscheidende Rolle. So konnte *Shields* (1999) zeigen, dass in dem Maße, in dem der Trainer Einschüchterung und Gewalt als Verhalten zeigte, auch Einschüchterung und Gewalt von den trainierten jugendlichen Sportlern zur Durchsetzung ihrer Ziele eingesetzt wurden.

Auch durch eine systematische sportpsychologische Intervention kann eine Veränderung von Persönlichkeitsmerkmalen bewirkt werden. Langfristig soll sich durch ein regelmäßiges Training mit Entspannungsmaßnahmen, insbesondere des autogenen Trainings, eine größere Gelassenheit hinsichtlich der belastenden Trainings- und Wettkampfsituation einstellen, verbunden mit dem Aufbau von Erwartungen, sich selbst in diesen Situationen effektiv kontrollieren zu können (*Kellmann* u. *Beckmann* 2004). Selbst Tendenzen zum Nachgrübeln über Misserfolge (misserfolgsbezogene Lageorientierung) oder Probleme, Entscheidungen zu treffen (planungs-/entscheidungsbezogene Lageorientierung), lassen sich durch Lernprogramme (die aus der Verhaltenstherapie stammen) verändern (*Hartung* u. *Schulte* 1994).

Damit Sport »charakterbildend« wirkt, sind aber offensichtlich spezifische Lernprogramme einzusetzen. Einfach nur Sport zu treiben, insbesondere wettkampforientierten Sport zu treiben, könnte nach den vorliegenden Befunden eher das Gegenteil bewirken. *Shields* und *Bredemeier* (1995, S. 209f) haben folgende Empfehlungen gegeben, unter welchen Bedingungen Sport tatsächlich »charakterbildend« wirken könnte:

- Aufgaben stellen, bei denen die Teilnehmer ihre Perspektiven koordinieren und ein Gespür für gemeinsame Absichten entwickeln müssen. Damit sollte man beginnen, bevor die Kinder in wettkampforientierte Sportmannschaften hineinkommen.
- In Gruppensitzungen sollten die Kinder oder Jugendlichen sich darüber austauschen, welche Regeln ihr sportliches Handeln leiten sollten. Im Weiteren sollte immer wieder rückgemeldet werden, ob und

wie diese Regeln eingehalten werden. Dabei sollte ein Gefühl von Zusammenhalt entwickelt werden.

- Es sollte klar unterschieden werden, was moralisch akzeptabel ist und was nicht.
- Machtausübung durch den Trainer sollte darauf abzielen, Selbstbestimmtheit zu entwickeln. Dafür wird an die Sportler entsprechend ihrem Entwicklungsalter so viel Verantwortung für ihre eigene Entwicklung wie möglich delegiert. Es wird darauf geachtet, dass sich in der Trainingsgruppe unter den Sportlern kein Machtungleichgewicht entwickelt.

Weiterführende Literatur

Conzelmann, A. (2001). Sport und Persönlichkeit. Möglichkeiten und Grenzen von Lebenslaufanalysen. Schorndorf: Hofmann.

4 Grundlagentraining

Einleitung

In Kapitel 1 wurde die Grundstruktur eines systematischen sportpsychologischen Trainings eingeführt, in diesem Kapitel und den folgenden Kapiteln werden die einzelnen Ebenen des Trainings praxisorientiert vertiefend dargestellt. Dabei wird einerseits die Logik des Vorgehens samt wissenschaftlicher Begründung dargelegt, andererseits werden die unmittelbaren Praxisbausteine zur Anleitung des praktischen Trainings beschrieben.

Ausgangspunkt eines systematischen sportpsychologischen Trainings ist zunächst eine Diagnostik, die die Stärken und insbesondere auch die Schwachpunkte von Athleten, Trainern und Mannschaften erfasst. Nur wenn Sportpsychologen spezifisches Wissen über die Stärken und Schwächen sowie weitere Persönlichkeitsmerkmale und Verhaltensstile von Athleten erlangt haben, können sie gezielt Trainingsmaßnahmen zur Optimierung des Verhaltens in Training und Wettkampf für den einzelnen Athleten entwickeln. Diese Trainingsmaßnahmen werden aus dem Wissensstand der Sportpsychologie abgeleitet. Daher handelt es sich um eine »wissenschaftlich begründete Praxis«.

Noch während der Stärken-Schwächen-Analyse bzw. der Erfassung relevanter Persönlichkeitsmerkmale kann mit einem Training begonnen werden, das die Grundlagen für das weitergehende Fertigkeitstraining schafft. Deshalb haben wir dieses Training auch als Grundlagentraining bezeichnet. Im Gegensatz zum spezifischen Fertigkeitstraining, das Wissen über Stärken und Schwächen ebenso wie grundlegende Entspannungsfertigkeiten voraussetzt, hat das Grundlagentraining – außer der Motivation daran teilzunehmen und sich darauf einzulassen – keine Voraussetzungen.

Es dient aber nicht nur der Vorbereitung des Fertigkeitstrainings, sondern hat auch die wichtige und eigenständige Funktion, eine Persönlichkeitsentwicklung der Athleten im Sinne von Kapitel 3 zu fördern. Das Grundlagentraining trägt dazu bei, die Persönlichkeit der Athleten so zu entwickeln, dass eine Grundlage für einen stabilen Leistungsabruf in ihrer Sportart geschaffen wird. Es führt zu mehr Ausgeglichenheit, weniger Ablenkbarkeit und besserer Konzentrationsfähigkeit. Die Entspannungsverfahren des Grundlagentrainings können beim Einschlafen am Abend vor dem Wettkampf helfen und somit die Regeneration unterstützen. Außerdem wird die Erfahrung von Selbstkontrolle über eigene Körperwahrnehmungen, störende Gedanken und insbesondere bei der Bewältigung von Angst herbeigeführt (*Petermann* u. *Vaitl* 2004, S. 6).

Grundlegende Psychoregulation

Es gibt eine Vielzahl psychoregulativer Verfahren. *Seiler* und *Stock* (1994) beschreiben beispielsweise 24 verschiedene Verfahren. Darunter befinden sich unter anderem vier aktivierende Verfahren: Aktivierungsatmung, Energie aufladen, Selbstaktivierung und Mobilisation. Diese Verfahren wollen wir dem Fertigkeitstraining zuordnen. Beim Grundlagentraining geht es uns hingegen darum, von persönlichen Stärken und Schwächen unabhängige Verfahren zu trainieren, die einerseits eine grundlegende Entwicklung der Persönlichkeit bewirken und andererseits die Grundlage für die Fertigkeitstrainings der zweiten Ebene bilden.

Es gibt viele verschiedene Möglichkeiten, um sich zu entspannen, und eine ganze Reihe unterschiedlicher Entspannungstechniken und -verfahren. Sicher ist es auch sinnvoll, fernöstliche Praktiken einzusetzen, wie Yoga oder Qigong. In unserer Praxis haben sich vor allem drei Verfahren bewährt. Diese drei Verfahren haben unterschiedliche Merkmale und Wirkungen. Diese unterschiedlichen Aspekte sind allesamt bedeutsam für die Optimierung der psychischen Leistungsvoraussetzungen. Außerdem unterscheiden sich die Verfahren darin, wie leicht sie erlernt werden können. Hat man das am leichtesten zu Erlernende geschafft, fallen auch die schwierigeren Verfahren nicht mehr so schwer. Das Grundlagentraining besteht dementsprechend aus drei Entspannungsverfahren, die sinnvollerweise nacheinander gelernt und trainiert werden:

- Atementspannung
- progressive Muskelrelaxation (PMR)
- autogenes Training (AT)

Ziele und Funktion von Entspannungsverfahren

Entspannungsmaßnahmen sollten von Anfang an zum sportpsychologischen Training gehören. Das Entspannungstraining im Sport hat vielfältige Ziele: als Maßnahme zur Entwicklung von Ausgeglichenheit (Persönlichkeitsentwicklung), als Regenerationsbeschleuniger und als Selbststeuerung. Unterschieden werden somatotrope Wirkungen im Sinne einer Dämpfung der allgemeinen Aktivierung (Erregungsreduk-

tion) und die im sportlichen Zusammenhang wichtigeren psychotropen Wirkungen:

- Sensitivierung für und Fokussierung auf körperliche und imaginative Vorgänge
- Akzeptanz des Ungewohnten, Unerwarteten
- Performanz: Erwerb von Entspannungsfertigkeiten
- Aufbau von Kontrollüberzeugungen hinsichtlich der Selbstregulationsfähigkeit

Entspannungsverfahren im Sport werden in diesem Sinne primär mit 5 Zielen eingesetzt (vgl. *Kellmann* u. *Beckmann* 2004):

- Kurzfristig: um in der unmittelbaren Wettkampfvorbereitung störende Gedanken zu beseitigen, um eine möglichst vollständige Konzentration auf die Ausführung des Wettkampfes zu erreichen. Dabei darf die notwendige Wettkampfspannung jedoch nicht reduziert werden.
- Kurzfristig: um in Wettkampfpausen oder bei Verzögerungen abschalten und regenerieren zu können, ohne die Wettkampfspannung vollständig zu verlieren.
- Kurzfristig: in der Nachbereitung von Wettkämpfen, um die Regeneration nach dem Training (insbesondere auch in Trainingslagern) und auch bei Verletzungen zu unterstützen.
- Langfristig: um insgesamt eine größere Gelassenheit hinsichtlich der belastenden Trainings- und Wettkampfsituation zu entwickeln, verbunden mit dem Aufbau von Erwartungen, sich selbst in diesen Situationen effektiv kontrollieren zu können.
- Schließlich bildet Entspannung die Grundlage für das Training weiterer Selbstregulationsfertigkeiten (z.B. der Imagination),

ähnlich wie bei der systematischen Desensibilisierung in der Verhaltenstherapie.

Nachfolgend wird das Grundlagentraining so beschrieben, wie es sich in unserer Praxis bewährt hat. Es gibt, wie gesagt, auch andere Entspannungsverfahren, die im Sport Anwendung finden (siehe dazu z.B. *Seiler* u. *Stock* 1994). Für die von unserem Grundlagentraining zu erreichenden Ziele empfiehlt sich jedoch die nachfolgend beschriebene Abfolge von Verfahren. Allen Verfahren gemeinsam ist – zumindest in der Situation des Grundlagentrainings – zunächst das Einnehmen der Grundposition.

Grundposition

Liegende Position

Da eine weit gehende Entspannung der Muskulatur bereits passiv durch eine liegende Position erreicht wird, ist diese Position am sinnvollsten. Dazu liegt man in bequemer (nicht eng anliegender Kleidung) in einem angenehm temperierten Raum auf einer nicht zu harten Unterlage auf dem Rücken. Die Arme liegen locker neben dem Körper auf dem Boden. Die Beine sind gestreckt und nicht übereinander gekreuzt. Wenn noch keine Trainingserfahrung im Entspannungstraining vorliegt, ist es wichtig, dass während des Trainings keine ablenkenden, störenden Reize auftreten (also z.B. Handys aus!). Wenn die Sportler das Entspannungstraining schon gut beherrschen, kann man es durchaus auch an sehr lebhaften Orten einsetzen, um gleichzeitig zu trainieren, Störreize gezielt ausblenden zu können.

Der Trainingseffekt liegt darin, sich von störenden Reizen durch Selbstregulation völlig frei machen zu können. So hat der Erstautor

beispielsweise mit der Skinationalmannschaft gelegentlich autogenes Training in einer Hotellobby durchgeführt.

Droschkenkutscherhaltung

Gelegentlich wird empfohlen, statt der liegenden Grundposition die so genannte Droschkenkutscherhaltung zu verwenden. Dabei sitzt man mit geöffneten, locker nebeneinander stehenden Beinen auf einem Stuhl oder Hocker. Der Oberkörper ist nach vorn geneigt, dabei auf die Arme gestützt, die abgewinkelt locker auf den Oberschenkeln aufliegen – eben so, wie der Kutscher, der halb eingeschlafen auf dem Bock seiner Pferdedroschke sitzt und auf Kundschaft wartet. Hier müssen insbesondere die Rumpfmuskeln mehr Haltearbeit verrichten als in der liegenden Position. Die Droschkenkutscherhaltung ist von vornherein also weniger muskulär entspannend als die liegende Position. Sie wird von einigen Autoren dennoch empfohlen, weil die Gefahr des Einschlafens in dieser Position geringer ist als bei der liegenden Position (*Eberspächer* 2007).

Wir empfehlen, mit dem Thema Einschlafen ganz entspannt umzugehen. Es ist eine natürliche Tendenz, während der Entspannungsübungen einzuschlafen – was allerdings ein ernstes Hindernis darstellt, wenn es darum geht, etwas zu lernen. Statt jemanden, der unter der Entspannung eingeschlafen ist, zu wecken, sollte man besser alles vermeiden, was das Einschlafen noch verstärkt: Dazu gehören lange Übungsphasen oder zu geringe Stimulation durch zu selten gegebene Instruktionen. Darüber hinaus sollte bei der Organisation eines Entspannungstrainings darauf geachtet werden, dass dieses nicht zu einer Tageszeit durchgeführt wird, zu der die Sportler ohnehin schon müde sind (also nach der Mittagspause oder am späten Abend eines langen Trainingstages).

Voreinschlafzustand

Der Zustand, in den die Entspannungsverfahren führen sollen, wird als »Voreinschlafzustand« bezeichnet (*Vaitl* 2004, S. 42). Zu Beginn eines Entspannungstrainings ist das erste Trainingsziel, diesen Zustand sicher herbeizuführen. Daher ist es ganz normal, dass man immer mal wieder über das Ziel hinausschießt und kurzzeitig einschläft. Mit zunehmendem Training wird sich dann der entspannende »Voreinschlafzustand« einpendeln. Man kann zwar einwenden, dass der Trainingsprozess verlangsamt wird, wenn jemand einschläft – weil er dann ja nicht mehr »trainiert« –, eine »entspannte Sichtweise« ist aber: Wer einschläft, hatte ein Schlafbedürfnis, das den Prozess des Einpendelns im Voreinschlafzustand ohnehin behindert hätte.

Nach wenigen Wochen konnten alle von uns betreuten Sportler, unabhängig davon, ob sie am Anfang eingeschlafen waren oder nicht, sicher einen entspannten Zustand herbeiführen. Es empfiehlt sich, das Entspannungstraining nicht am Ende eines strapaziösen Trainingstages oder nach einer harten Fitnesseinheit als etwas Neues einzuführen. Dann schlafen tatsächlich die meisten ein. Bei Fortgeschrittenen, die den Voreinschlafzustand sicher herbeiführen und kontrollieren können, lässt sich ein Entspannungstraining hingegen sehr sinnvoll – auch zu Zwecken der Regeneration – an das Fitnesstraining anschließen.

Einnehmen der Grundposition

Man legt sich bequem hin, die Beine liegen gestreckt und nicht überkreuzt auf dem Boden. Die Arme liegen locker neben dem Körper.

Die Augen werden geschlossen. Die Aufmerksamkeit wandert zum Körpermittelpunkt (auf Höhe des Bauchnabels). Man konzentriert sich auf die ruhig fließende Atmung.

Rücknahme

Nach der Entspannung soll üblicherweise die Aktivierung wieder hochgefahren werden. Wenn man die Entspannungsverfahren nicht vor dem Einschlafen bzw. zum Einschlafen durchführt, möchte man danach ja wieder frisch und aktiv sein. Ferner sollen unter der Entspannung angestoßene mentale Prozesse (nicht verarbeitete Erlebnisse etc.) zu einem Abschluss gebracht werden. Dazu dient die so genannte Rücknahme. Eine Rücknahme am Ende eines Entspannungsverfahrens kann wie folgt aussehen:

Rücknahme bei Entspannungsverfahren

- Ich werde nun von 4 an rückwärts zählen: 4, 3, 2, 1
- Fäuste ballen! Arme fest!
- Tief atmen!
- Augen auf!
- Recken, strecken, gähnen und dehnen!

Atementspannung

Die Atementspannung steht in unserem Grundlagentraining an erster Stelle. Sie ist die grundlegendste und natürlichste Form der Entspannung. Atementspannung ist leicht zu erlernen und universell einsetzbar. Im Gegensatz zu umfangreicheren Entspannungsverfahren, wie der progressiven Muskelentspannung und dem autogenen Training, senkt die Atementspannung nicht das allgemeine Aktivierungsniveau und nimmt daher auch nicht die für die Leistung im Wettkampf notwendige Wettkampfspannung. Daher kann Atementspannung auch unmittelbar vor einem Wettkampf und in diesem selbst eingesetzt werden. Durch eine Konzentration auf die Atmung können störende, belastende Gedanken effektiv beseitigt werden: Der Kopf wird frei, und die Wettkampfspannung bleibt erhalten (vgl. *Beckmann* u. *Rolstad* 1997).

Auch bei der Atementspannung kommt es auf die richtige Technik an. Zunächst gehen wir davon aus, dass sich die Atmung in drei Phasen unterteilen lässt (Abb. 6).

Manche Meditationsexperten empfehlen, die Atmung zur Steigerung der Konzentration anzuhalten, betonen also eine *Pause* nach der Einatmung. Dies entspricht nicht der natürlichen Atmung, bei der die Pause eher auf die Ausatmung folgt. Dies ist der Zustand der größten Entspannung. Es ist eher unangenehm, wenn man nach tiefer Einatmung die Luft anhält, da der Brustkorb dann angespannt ist. Außerdem ist es (schon rein physiologisch) nicht zu empfehlen, beim kraftvollen Ausführen einer Bewegung die Luft anzuhalten. Hier wird immer empfohlen, etwa beim Hochstemmen einer Hantel, auszuatmen. Auch für die Entspannung erzielt man die besten Resultate durch eine Konzentration auf die Ausatmung.

Bei der *Einatmung* spannt sich der Brustkorb an, bei der Ausatmung entspannt er sich. Allein dadurch führt die Konzentration auf die Ausatmung schon zur Wahrnehmung von Entspannung. *Hüther* (2006) führt ferner aus, dass Neugeborene als Erstes ausatmen. Damit werden die Lungen frei geatmet und gereinigt. Dieses grundlegende Erlebnis sollte in unserem Unbewussten Bestand haben.

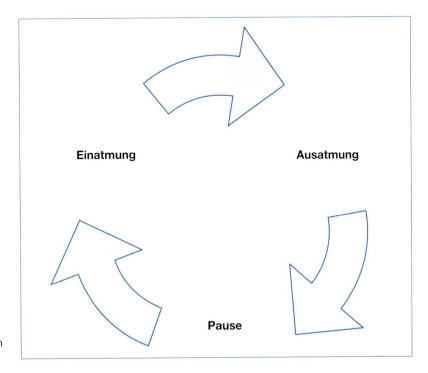

Abb. 6
Phasen der natürlichen Atmung.

Der Vorgang des *Ausatmens* kann mental mit der Vorstellung des Aus- oder Wegatmens aller störenden, belastenden Gedanken verbunden werden. Dazu kann sich die Vorstellung gesellen, mit der Einatmung frische, neue Energie aufzunehmen. *Lindemann* (1985) beschreibt den Aufbau einer für den Sport optimalen Atementspannung:

Durchführen der Atementspannung

Nach Einnehmen der Grundposition wird die Aufmerksamkeit auf den Atemfluss gelenkt.

Die Einatmung geschieht automatisch. Die Konzentration liegt auf der Ausatmung. Die Einatmung kippt automatisch in die Ausatmung um. Diese erfolgt »gezügelt« und ist dadurch gegenüber der Einatmung verlängert. Nach der Ausatmung erfolgt eine kurze Pause, bevor die Einatmung wieder automatisch einsetzt.

Man kann dies auch mit Gedanken verknüpfen:

- Bei der Ausatmung: »alles Belastende wegatmen, alles rauslassen, bis der Kopf ganz leer ist«.
- Bei der Einatmung: »frische Energie aufnehmen und im Körper verteilen«.

Progressive Muskelentspannung (Progressive Muscle Relaxation, PMR)

Die progressive Muskelentspannung wurde 1938 von dem US-amerikanischen Arzt und Physiologen *Edmund Jacobson* entwickelt. Ihr Hauptziel liegt nach *Jacobson* in der »Kultivierung der Muskelsinne«, dem Kennenlernen auch feinster Spannung oder Verspannung in den verschiedenen Muskelgruppen des Körpers. Dabei ist es natürlich das Ziel, die Spannungen zu beseitigen. Diese Formulierung macht deutlich, dass der Wert der progressiven Muskelentspannung für einen Sportler auch darin liegen kann, sich seines Körpers und seiner Muskulatur bewusster zu werden und diese besser kennen zu lernen. Damit kann auch ein besseres Verständnis sportlicher Bewegungen erreicht werden. Eine Grundaussage der progressiven Muskelentspannung ist aber auch: »Entspannung und Furcht sind inkompatible Reaktionen« (*Wolpe* 1958). Das bedeutet, dass aus den körperlichen Entspannungsreaktionen ein psychischer Effekt entstehen soll, zum Beispiel der Abbau von Angstreaktionen.

Die progressive Muskelentspannung ist ein Entspannungsverfahren, bei dem der Übende aktiv ist. Das macht für viele Menschen den Einstieg leichter als bei einem Verfahren, das auf reiner Vorstellung von Entspannungsreaktionen aufbaut, wie beispielsweise das autogene Training. Bei der PMR spannt der Übende willkürlich und bewusst verschiedene Muskelpartien des Körpers nacheinander zunächst an und entspannt sie danach wieder. Geschult wird die Wahrnehmung der angespannten und entspannten Muskulatur. Im Übungsprozess wird dabei die Aufmerksamkeit auf den Kontrast von angespannter und entspannter Muskulatur gelenkt.

Die Durchführung einer Übungseinheit dauert bei der Kurzfassung ca. 3–4 Minuten, bei der längeren Fassung mit 17 Grundübungen ca. 20–30 Minuten. Mit etwas Übung reduziert sich diese Zeit. In den modernen Formen der PMR wird nicht mehr eine maximale, sondern eine deutlich submaximale Anspannung der Muskulatur gelehrt, um möglichst subtile und geringfügige Anspannungen einzelner Muskelgruppen wahrnehmen zu lernen.

Durchführung der progressiven Muskelrelaxation

- Nacheinander werden einzelne Muskelgruppen des Bewegungsapparates für 1–2 Minuten angespannt (modern: submaximal ca. 10 Sekunden).
- Nach der Anspannung wird versucht, die jeweilige Muskelgruppe für 3–4 Minuten maximal zu entspannen.
- Dabei konzentriert man sich auf die Empfindungen von Anspannung und Entspannung (Kontrasterleben).
- Man beginnt mit dem Unterarm der dominanten Hand (also Rechtshänder rechts). Der Unterarm wird angespannt, indem die Hand zur Faust geballt wird. Spannung für ca. 10 Sekunden halten und dann lösen. Spüren, wie sich die Spannung löst; spüren, wie sich die Entspannung im Unterarm ausbreitet; dem Unterschied zwischen Anspannung und Entspannung bewusst nachspüren.
- Danach folgt der dominante Oberarm (Bizeps anspannen und lösen).
- Anschließend folgt der andere Arm.
- Man kann mit den Beinen fortfahren, zunächst mit dem dominanten Bein: Unterschenkel, Oberschenkel, dann mit dem anderen Bein.
- Weiter mit Rücken, Schultern, Hals, Nacken.
- Dem Gesicht kann besondere Aufmerksamkeit gewidmet werden, da hier Anspannung und Entspannung besonders deutlich zu spüren sind.
- Anspannung der unteren Gesichtshälfte: Zähne aufeinander beißen und wieder lösen.
- Augenpartie: Augen zusammenkneifen und wieder lösen.
- Stirn: Kräftig runzeln und dann ganz glatt werden lassen.

Autogenes Training (AT)

Das autogene Training gilt als eines der am schwersten zu erlernenden Entspannungsverfahren. Hierbei stellt man sich körperliche Zustände vor, die natürlicherweise bei Entspannung auftreten, z.B. eine Schwere der Gliedmaßen (wie bei der »Bettschwere«), eine »wohlige Wärme« und ein ruhiger, gleichmäßiger Atem. Solche Vorstellungen nennt man auch Autosuggestion. Sich passiv darauf zu konzentrieren, fällt Menschen schwer, die noch keine Erfahrung mit Entspannung haben. Deshalb wird das autogene Training in unserem Grundlagentraining erst eingeführt, nachdem Atementspannung sowie progressive Muskelentspannung erlernt und trainiert wurden. Mit dieser Vorerfahrung kann jeder in relativ kurzer Zeit auch das autogene Training erlernen.

Es ist die Zielvorstellung, eine Bewusstheit für Spannungszustände zu erreichen, so dass jederzeit eine Reduktion von Spannung möglich ist. Im Gegensatz zu fernöstlichen Meditationsverfahren stammt das autogene Training aus unserem Kulturkreis. Es wurde vom Berliner Mediziner *I. H. Schultz* in den 1930er-Jahren aus der Hypnose heraus als Selbsthypnose entwickelt. Im Gegensatz zu fernöstlichen Verfahren ist mit dem autogenen Training kein philosophisches oder Glaubenssystem verbunden. Das Verfahren lässt sich unauffällig und ohne Hilfsmittel überall anwenden. *Schultz* entwickelte zwei Formen: die psychophysiologische Standardübungen der Unterstufe und die meditativen Übungen der Oberstufe. Für die Anwendung im Sport sind in erster Linie die *Übungen der Unterstufe* von Bedeutung.

Grundübungen des autogenen Trainings

Schwereübung: rechter Arm schwer, ganz schwer

Wärmeübung: rechter Arm warm, ganz warm

Atemübung: Atem fließt ruhig und gleichmäßig

Sonnengeflechtübung: strömende Wärme breitet sich im Körpermittelpunkt aus

Stirnübung: Stirn kühl, ganz kühl

Aktivieren

Für Höchstleistung im Wettkampf ist die richtige Wettkampfspannung eine wichtige Voraussetzung. Daher ist im Sport neben dem Entspannen auch die systematische Anspannung oder Aktivierung bzw. der Wechsel zwischen Entspannung und Anspannung eine wichtige Fertigkeit (»psyching-up«). Hierbei sollte jedoch keineswegs die körperliche Aktivierung ausschließlich im Vordergrund stehen.

Eine seit vielen Jahren leitende Vorstellung ist, dass optimale Leistung bei einer mittleren Erregung der Sportler zu erwarten ist (*Yerkes* u. *Dodson* 1908). Ist die Erregung zu niedrig, sollen die Leistungskomponenten nach diesem Modell nicht abrufbar sein. Ist sie zu hoch, so ist aufgrund der damit einhergehenden muskulären Verspannung und Verkrampfung keine gute Leistung zu erwarten. Ferner wird oft behauptet, dass die optimale Wettkampfspannung sowohl sportartenabhängig sei (vgl. *Eberspächer* 2007) als auch individuell stark variieren kann. Daraus ergeben sich individuelle Ausprägungen einer optimalen Erregung. Empfohlen wird, dass sich Athleten kontextabhängig mobilisieren oder aktivieren können, um eine individuell optimale Wettkampfspannung herzustellen. Die Yer-

kes-Dodson-Regel erfreut sich in der Praxis großer Beliebtheit, da sie sich auf den ersten Blick leicht nutzen lässt. Wie aber sollen Trainer, Sportpsychologen oder sonstige Betreuer wissen, ob Sportler vor Wettkampfbeginn ein für sie optimales mittleres Erregungsniveau haben?

Noch gravierender als die praktischen Umsetzungsprobleme ist, dass die Annahmen über den Zusammenhang von Erregung und Leistung keineswegs eindeutig belegt sind. Tatsächlich scheint der Zusammenhang komplexer zu sein (*Neiss* 1988). *Dienstbier* (1989) zitiert eine Vielzahl von Untersuchungen, nach denen die körperliche Erregung in einem eher linearen Zusammenhang mit der Leistung steht, also eher gar nicht hoch genug sein kann. In der Forschung zur Prüfungsängstlichkeit wurden von *Liebert* und *Morris* (1967) zwei Komponenten unterschieden: Besorgtheit (worry) und Aufgeregtheit (emotionality). Die erste Komponente bezieht sich auf die gedankliche, kognitive Verarbeitung in der Prüfungssituation, die zweite Komponente betrifft die körperliche Erregung, die in der Prüfungssituation erlebt wird. Die Forschung konnte einen negativen Zusammenhang zwischen Besorgtheit und Leistung feststellen: Wer sich viele Sorgen macht und ins Grübeln kommt, schneidet in der Prüfung schlecht ab. Für die körperliche Erregung ließ sich jedoch kein eindeutiger Zusammenhang mit der Leistung feststellen (*Deffenbacher* 1980).

Diese Befunde legen nahe, dass nicht die körperliche Erregung als solche leistungsbestimmend ist, sondern die Bewertung der Leistungssituation durch den Sportler darüber entscheidet, ob sich eine hohe körperliche Erregung förderlich oder beeinträchtigend auf die Leistung auswirkt (*Fazey* u. *Hardy* 1988). *Beckmann* und *Rolstad* (1997, S. 34) fassen die Schlussfolgerungen wie folgt zusammen:

»Für den Praktiker ist die Diagnose des aktuellen Aktivierungszustandes nach diesen Vorstellungen wenig bedeutsam. Eine hohe Wettkampfspannung erscheint in jedem Fall erstrebenswert. Vorab sollte das Training jedoch so ausgerichtet werden, dass Aufgabenmerkmale hervorgehoben werden, die die Aufmerksamkeit der Handelnden binden und sie so zur intensiven Aufmerksamkeit bringen können.«

Grundvoraussetzungen sind jedoch größere Gelassenheit und eine Kontrolle der eigenen Gedanken. Sobald man die körperlichen Merkmale hoher Wettkampfspannung, wie beschleunigten Herzschlag, schwitzige Hände, flaues Gefühl im Magen, als Zeichen von »Nervosität« wahrnimmt und die Situation somit als Bedrohung interpretiert, wird hohe Erregung auf rein gedanklicher Ebene zu einem Verlust von Selbstvertrauen, zu einer Blockade des Denkens und des Abrufs erfolgreicher Handlungsstrategien führen. Ganz anders sieht die Situation hingegen aus, wenn die Wettkampfsituation als »Herausforderung« bewertet wird und die wahrgenommen Merkmale körperlicher Erregung interpretiert werden als »bereit zu sein, die Herausforderung anzunehmen und zu meistern«. Um zu diesem Umgang mit der Wettkampfsituation zu kommen, bedarf es des Grundlagentrainings, in dem die dargestellten Entspannungsverfahren erlernt und trainiert werden. Bei vielen sportpsychologischen Techniken, die in Kapitel 5 dargestellt werden, ist die Fertigkeit, sich zu entspannen, eine Voraussetzung zur erfolgreichen Durchführung. So setzt das mentale Training der Vorstellungsregulation einen entspannten Zustand voraus. Zudem wirkt die Entspannung in viele sportpsychologische Interventions- und Trainingsprogramme mit hinein, wie z.B. in das Kölner Psychoregulationstraining (*Sonnenschein* 1989).

Aktivieren betrachten wir als eine Fertigkeit, die erlernt werden kann. Sie wird in den nachfolgenden Kapiteln auf spezifische Maßnahmen bezogen näher behandelt.

Teambuilding

Ein weiterer, außerordentlich wichtiger Baustein des Grundlagentrainings ist das Teambuilding. Es ist nicht nur für Mannschaftssportarten bedeutsam, sondern für jede Form der sportpsychologischen Gruppenbetreuung. Auch Sportler in Individualsportarten, wie Leichtathletik, Schwimmen, Skifahren oder Tennis, sind in der Regel Mitglieder von Mannschaften. Wie sehr man sich in die Mannschaft eingebunden fühlt, wie sehr diese als Team agiert, ist mitentscheidend für die Leistungsfähigkeit des einzelnen Sportlers, wie das nachfolgende Praxisbeispiel zeigt.

Aktivitäten zur Stärkung der Kohäsion

Praxisbeispiel: Der ausgegrenzte Topathlet

In einer Individualsportart wurde der Erstautor mit folgender Problemsituation konfrontiert: Ein Mitglied der Nationalmannschaft, der in jungen Jahren bereits Weltmeister geworden war, wurde von seinen Mannschaftskameraden nahezu vollständig ausgegrenzt. Dies erlebte er besonders schmerzlich bei einem Trainingslager in Amerika. Die übrigen Mannschaftsmitglieder verabredeten sich zu einer Stadtbesichtigung, teilten ihm dies jedoch nicht mit. So unternahm er eine Stadtbesichtigung auf eigene Faust. Dabei traf er zufällig die anderen. Dies machte ihm deutlich, dass er in der Mannschaft ganz allein war.

In dieser Zeit ging seine Leistungsfähigkeit dramatisch zurück, so dass die Gefahr bestand, aus dem Kader zu fallen.

Der Sportpsychologe führte nun Gespräche mit allen Beteiligten zur Analyse des Problems durch. Dabei kam heraus, dass die anderen Mannschaftsmitglieder empfanden, dass der ausgegrenzte Athlet nach seinem Sieg bei den Weltmeisterschaften von den Trainern besonders hofiert wurde und sich als etwas »Besseres« sehe als die anderen. Die Mannschaft äußerte auch, »der wolle ja gar nichts mit ihnen zu tun haben und sei auch ganz anders als sie«. Als erste teambildende Maßnahme wurde vor jedem Wettkampf eine Gesprächsrunde eingeführt, ohne Trainer in Anwesenheit des Sportpsychologen, der das Gespräch moderierte. Der isolierte Athlet wurde gebeten zu schildern, wie es ihm vor diesem Wettkampf ginge, was ihm durch den Kopf gehe, was er empfinde, einschließlich seiner Ängste und Befürchtungen. Er tat dies sehr offen und freimütig. Den anderen wurde Gelegenheit gegeben weiter nachzufragen. Von dieser Möglichkeit wurde reichlich Gebrauch gemacht. Im Weiteren wurden die Problemsituation direkt thematisiert und die unterschiedlichen Sichtweisen ausgesprochen. Dabei revidierten die übrigen Mannschaftsmitglieder bereits ihre bisherige Wahrnehmung und äußerten, »dem geht es ja genau wie uns. Er ist ja gar nicht so arrogant. Wir können einiges von ihm lernen«. Im Folgenden wurde der Athlet wieder stärker integriert und knüpfte auch wieder an seine alte Leistungsstärke an.

Dieses Praxisbeispiel zeigt, dass es für den Erfolg des Einzelnen und einer Mannschaft notwendig ist, dass sich die Mitglieder der Gruppe untereinander kennen, sich gegenseitig einschätzen können und auch vertrauen. Bevor mit dem eigentlichen sportpsychologischen Training begonnen wird, sollten daher Aktivitäten zur Stärkung des Gruppenzusammenhalts (Kohäsion) durchgeführt (Abb. 7;

z.B. *Gruber* u. *Gray* 1981) und ein gutes Gruppenklima geschaffen werden (z.B. *Carron* u. *Hausenblas* 1998). Sehr wichtig ist dabei die Gestaltung der ersten Sitzung mit dem Sportpsychologen und der zu betreuenden Gruppe.

Praxisbeispiel: Ersttermin mit einer Frauen-Handballmannschaft

Zunächst stellte sich die Sportpsychologin vor und bat die Spielerinnen, Fragen zu ihrer Person und zu allem, was sie im Zusammenhang mit der anstehenden sportpsychologischen Betreuung bewegte, zu stellen. Danach wurden die Spielerinnen gebeten, sich jeweils paarweise zusammenzutun. Sie bekamen die Aufgabe gestellt, die Partnerin mit dem Ziel zu interviewen, sie später der gesamten Mannschaft vorzustellen. Die Vorstellung sollte etwas zur Person, zu den Spielstärken sowie zu den Wünschen und Erwartungen an die Betreuung beinhalten. Bei den Interviews kam es zu einem angeregten Austausch.

Obwohl sich die Spielerinnen bereits untereinander kannten, lauschten bei der Vorstellungsrunde alle gespannt den Beschreibungen der anderen zu. Fast alle lernten dabei, nach eigenem Bekunden, Neues über die Mannschaftskameradinnen. Es gefiel den Spielerinnen besonders, etwas von ihrer Mannschaftskolleginnen über ihre spielerischen Stärken zu hören. Für die Sportpsychologin war es sehr gewinnbringend, mehr über die Erwartungen der Spielerinnen an die Sportpsychologie zu hören. Sie hatte das Gefühl, dass die Aussagen ehrlicher waren, weil sie von der jeweiligen Partnerin und nicht von der Spielerin selbst vorgetragen wurden.

Der gegenseitige Austausch über Erfahrungen, aber auch über Ängste und Befürchtungen kann sehr zum Gruppenzusammenhalt beitragen. Hinsichtlich dieser Kohäsion wird

Abb. 7 Teamrituale fördern den Zusammenhalt und können den Einstieg in den Wettkampf fördern.

zwischen *aufgabenbezogener* und *sozialer Kohäsion* unterschieden. Die aufgabenbezogene Kohäsion fokussiert auf das zu erreichende Ziel. Die Beziehungs- oder soziale Kohäsion bezieht sich auf die gegenseitige Anziehung der Gruppenmitglieder. Bei koagierenden Mannschaftssportarten, (z.B. bei Individualsportlern, die eine Mannschaftsleistung absolvieren, oder Mannschaften mit einer independenten Aufgabenstruktur wie z.B. einer Ruder- oder Staffelmannschaft) geht man davon aus, dass vor allem die aufgabenbezogene Kohäsion für die Leistung von Bedeutung ist (vgl. *Alfermann* u. *Strauß* 2001). Ziel einer sportpsychologischen Betreuung sollte es sein, falls (noch) nicht in größerem Umfang vorhanden, die soziale Kohäsion zu stärken.

Einflussfaktoren auf die Kohäsion

Praxisbeispiel: Aufbau sozialer Kohäsion bei Leichtathleten

Die Zweitautorin arbeitete mit einer sehr altersgemischten Gruppe von Leichtathleten zusammen, die alle nationale Spitze waren, aber ein sehr unterschiedliches Erfahrungsalter aufwiesen. Nur einige Mitglieder der Gruppe trainierten in der gleichen Trainingsgruppe. Im Rahmen der Betreuung stellte sich heraus, dass sich die Athleten zwar alle untereinander kannten und manche auch gemeinsam trainierten, aber die soziale Kohäsion nicht besonders stark ausgeprägt war. In der Gruppenbetreuung konnte mit der Zeit ein Klima geschaffen werden, in dem alle über ihre Erfahrungen und auch ihre

Ängste sprechen konnten. So äußerten sich die jüngeren Athleten etwa zu ihrer hohen Anspannung vor wichtigen Wettkämpfen. Die erfahrenen Athleten entgegneten, dass sie sich heute manchmal diese Erregung vor einem Wettkampf, die sie in jüngeren Jahren verspürten, zurückwünschten. Heute hätten sie vor manchen Wettkämpfen viel zu wenig Anspannung. Durch diesen Erfahrungsaustausch kamen sich die Athletinnen deutlich näher, und es war zu beobachten, dass die älteren bzw. erfahrenen Athleten Verantwortung für die jüngeren übernahmen und in einem Mentorenverhältnis ihre Erfahrungen an sie weitergaben.

Natürlich klappt es nicht immer so gut, wie in diesem Praxisbeispiel, da mehrere Faktoren Einfluss auf die Entstehung von Kohäsion und auf das Gruppenklima haben. *Carron* und *Hausenblas* entwickelten ein Modell für die Einflussfaktoren auf die Kohäsion in Sportgruppen (1998, S. 244), das in Abbildung 8 dargestellt ist. Dieses Modell umfasst 4 Bereiche:

- Umweltfaktoren,
- Gruppeneigenschaften,
- persönliche Voraussetzungen der Gruppenmitglieder,
- Führungsaspekte.

Carron und *Hausenblas* (1998) gehen davon aus, dass Kohäsion im Rahmen eines dynamischen Systems zu betrachten ist. Demnach beeinflussen sich die verschiedenen Faktoren im Modell wechselseitig. Das Modell lässt sich nicht nur auf Sportmannschaften, sondern auch sehr gut auf die sportpsychologische Betreuungssituation anwenden. Überträgt man das Modell auf die sportpsychologische Gruppenbetreuung, sind einige spezifische Faktoren zu beachten. So hat hin-

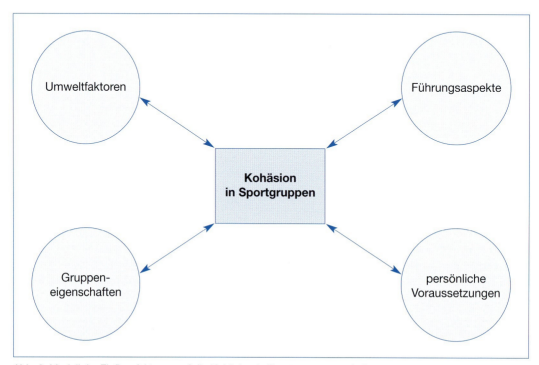

Abb. 8 Modell der Einflussfaktoren auf die Kohäsion in Sportgruppen nach *Carron* und *Hausenblas* (1998).

sichtlich der *Umweltfaktoren* vor allem das, was eine Mannschaft (z.B. im Sportspiel) außerhalb der Betreuung erlebt (z.B. einen Trainerwechsel), auch einen Einfluss auf die Sitzung. Weiterhin können Sieg oder Niederlage unmittelbare Auswirkungen auf die Kohäsion einer Sportspielmannschaft haben (*Ruder* u. *Gill* 1982). Während der Saison besteht mindestens einmal wöchentlich die Möglichkeit einer Niederlage oder eines Sieges. Der Sportpsychologe muss wissen, dass sich dies unmittelbar auf das Klima in der Mannschaft auswirken kann bzw. wie damit umgegangen wird.

Bedeutsam sind auch die *Gruppeneigenschaften*. Wie gut kennen sich die Mitglieder der Mannschaft, der Gruppe? Trainieren sie in der gleichen Trainingsgruppe, in der gleichen Sportart? Sind junge und erfahrene Sportler zusammen in einer Gruppe? Als besonders herausfordernd hat sich die Arbeit mit gemischten Gruppen erwiesen, also Gruppen, bei denen die Teilnehmer aus verschiedenen Sportarten kommen. Hier müssen sich die Gruppenmitglieder nicht nur untereinander kennen lernen, sondern auch ein Verständnis für die spezifischen Anforderungen der jeweiligen Sportart entwickeln.

Eine Herausforderung ist auch die Zusammenarbeit mit großen Gruppen. Oft werden aus finanziellen Gründen – vor allem im Nachwuchsleistungssport – möglichst viele Athleten in eine Gruppe gebracht. Hier gestaltet es sich schwieriger, eine Kohäsion und ein gutes Gruppenklima herzustellen. Zur Verbesserung der Kohäsion wird daher häufig eine Verkleinerung der Gruppengröße empfohlen (*Mullen* u. *Cooper* 1994). In kleinen Gruppen ist auch die Gefahr von Cliquenbildung geringer.

Auch im Zusammenhang mit der Teambildung spielt die Diagnostik eine wichtige Rolle. So ist es für den Sportpsychologen wichtig zu wissen, welche *persönlichen Vorerfahrungen* die Athleten mitbringen. Die meisten Sportler sind der sportpsychologischen Betreuung gegenüber offen oder legen zumindest eine gewisse Neugier an den Tag. Manchmal jedoch erlebt man Ablehnung, deren Grund in negativen Vorerfahrungen liegen kann, die der Athlet mit der Sportpsychologie bzw. einem Mentaltrainer gemacht hat. Häufig wird der Sportpsychologe zudem mit dem Vorurteil konfrontiert, dass das Ganze ohnehin nichts bringt. Hier gilt es, diese Informationen möglichst früh ans Tageslicht zu bringen und das auch offen anzusprechen. Wird es versäumt, eskalieren unterschwellige Konflikte, das Klima leidet, und es entwickelt sich eine negative Gruppendynamik.

Soll der Trainer beim Teambuilding dabei sein oder nicht?

Im Zusammenhang mit Teambuilding muss auch diskutiert werden, inwieweit die Anwesenheit des Trainers während der Betreuung für das Gruppenklima relevant ist.

Praxisbeispiel:
Der Trainer will dabei sein

Als die Zweitautorin mit einer Mannschaft zusammenarbeitete, äußerte der Trainer großes Interesse daran, an der Betreuung teilzunehmen. Er wolle sich sportpsychologisch weiterbilden und gleichzeitig die Inhalte, die in der Betreuung thematisiert wurden, in das sportliche Training integrieren. Allerdings wurde die Stimmung bei den Spielerinnen dadurch etwas angespannt und sie beteiligten sich nur zögerlich an dem sportpsychologischen Training. Vor allem in den Gruppengesprächen ergriffen sie nur sehr zurückhaltend das Wort. Der Sportpsychologin war zunächst nicht klar, woran dies lag. Wenig später erhielt sie die Mitteilung, dass sich die Mannschaft eine Betreuung ohne den Trainer wünsche. Die Sportpsychologin erläuterte daraufhin dem Trainer, dass es erforderlich sei, einen Termin ohne ihn durchzuführen. Während dieses Termins öffneten sich die Spielerinnen zum ersten Mal und sprachen ehrlich über ihre Probleme. Eines der geäußerten Hauptprobleme lag nämlich gerade im Umgang mit dem Trainer.

Dieses Beispiel verdeutlicht, dass es für das Mannschaftsklima nicht immer förderlich ist, wenn der Trainer anwesend ist. Diese Problematik sollte dem Sportpsychologen bewusst sein. Sitzungen ohne Trainer lassen sich konfliktfrei nur realisieren, wenn ein gutes Vertrauensverhältnis zwischen Trainer und Sportpsychologen aufgebaut wurde.

Praktische Übungen

Welche praktischen Übungen können zum Beispiel in einer ersten Sitzung zum Teambuilding eingesetzt werden?

Kennenlernen

Es gibt viele verschiedene Spiele zum gegenseitigen Kennenlernen. Ein Beispiel ist das oben geschilderte Interviewen und Vorstellen von Mannschaftsmitgliedern (siehe dazu z.B. *Newstrom* 1998).

Übungen zur Vertrauensbildung
- Eine Person hat die Augen verbunden und wird von einer anderen Person durch den Raum geführt.
- Die Gruppe bildet stehend einen Kreis. Eine Person stellt sich mit verschlossenen Augen in die Mitte des Kreises und lässt sich in verschiedene Richtungen fallen. Dabei wird sie jeweils von den anderen Mitgliedern der Gruppe aufgefangen.

Abb. 9 Sitzkreis.

- Teambuilding
  - Sitzkreis (Abb. 9).
  - Entheddern: Alle Mitglieder stehen im Kreis mit ausgestreckten Händen. Aufgabe ist es, mit der linken und der rechten Hand jeweils die Hand eines anderen Gruppenmitglieds zu greifen. Es darf sich dabei aber nicht um die direkt neben einem stehende Person handeln. Anschließend soll aus diesem »Händedurcheinander« ein Kreis gebildet werden, wobei zu keinem Zeitpunkt eine Hand losgelassen werden darf.

Weiterführende Literatur

Baumann, S. (2002). Mannschaftspsychologie. Methoden und Techniken. Aachen: Meyer & Meyer.
Linz, L. (2004). Erfolgreiches Teamcoaching. Aachen: Meyer & Meyer.
Vaitl, D., Petermann, F. (2004). Entspannungsverfahren: das Praxishandbuch, S. 21–33. Weinheim: Beltz.

5 Fertigkeitstraining

Einleitung

In Kapitel 4 wurde das sportpsychologische Grundlagentraining dargestellt. Dieses Kapitel beinhaltet das Fertigkeitstraining, das sich an das Grundlagentraining anschließt, auf diesem aufbaut und die Vermittlung individuell zugeschnittener sportpsychologischer Techniken und Strategien umfasst. Während an dieser Stelle auch die wissenschaftlichen Hintergründe und Belege für die Wirksamkeit der verschiedenen Formen von Fertigkeitstrainings skizziert werden, greift Kapitel 8 »Mentaler Werkzeugkasten« die Thematik rein anwendungsbezogen in Form von Problemdarstellungen und konkreten Handlungsanweisungen zu ihrer Lösung wieder auf.

Mentale Fertigkeiten können sowohl von einzelnen Athleten als auch von Mannschaften erworben werden. So ist zum Beispiel die Selbstgesprächsregulation eine Fertigkeit, die von einem einzelnen Athleten erworben und trainiert werden muss. Aktivierung dagegen kann auch eine Mannschaft betreffen, etwa wenn konzentriert in ein Spiel gegangen werden soll. Über die Eingangsdiagnostik erfährt der Sportpsychologe im Vorfeld, wo die Stärken und insbesondere wo die Schwächen eines Athleten oder einer Mannschaft liegen. An den diagnostizierten Schwächen können dann im Anschluss die konkreten Inhalte des Fertigkeitstrainings festgemacht werden, z.B. Selbstgesprächsregulation, Konzentration oder Imagination der Bewegungsausführung (Vorstellungstraining).

Fertigkeitstrainings umfassen jedoch nicht nur primär kognitive Maßnahmen. In letzter Zeit wurden verstärkt auch körperbezogene Fertigkeitstrainings unter dem Stichwort »Embodiment« einbezogen.

Im vorliegenden Kapitel wird auf die verschiedenen Fertigkeitstrainings detailliert eingegangen. Dabei erfolgt eine Unterteilung in allgemeine (z.B. Aktivierungsregulation) und spezifische Fertigkeiten (z.B. Aufmerksamkeitsregulation). Mehrere Fertigkeiten lassen sich in so genannten Routinen kombinieren und in eine funktional abgestimmte Reihenfolge bringen, die dann in verschiedenen Wettkampfphasen (z.B. Startvorbereitung) eingesetzt werden kann. Routinen werden daher im letzten Teil dieses Kapitels beschrieben.

Motivation und Aktivierung

Bei Motivation und Aktivierung geht es um die Energetisierung und die Orientierung des sportlichen Handelns. Bei der Aktivierung haben wir es mit der grundlegenden Energetisierung zu tun. Nach allgemeinen Vorstellungen kann diese am Wettkampfstart zu hoch oder zu niedrig sein. *Puni* (1961) hat dies als »Wettkampffieber« bzw. »Wettkampfapathie« bezeichnet – im ersten Fall wirkt der Athlet am Start hektisch, gereizt, eventuell fahrig und unkonzentriert, im zweiten Fall kann er sich kaum aufraffen und gähnt gegebenenfalls fortwährend. Wünschenswert wäre hingegen der hoch motivierte und voll konzentrierte Athlet. *Puni* spricht in diesem Zusammenhang von Kampfbereitschaft.

Wie bereits im vorangehenden Kapitel angesprochen wurde und später wieder aufgegriffen wird, ist hierbei die Bewertung der körperlichen Erregung eine entscheidende Größe. Bei der Motivation kommt schwerpunktmäßig eine Zielorientierung ins Spiel. Ziele »ziehen«, d.h. mobilisieren Energie und geben dem Handeln zugleich eine Richtung.

Regulationsstrategien

In der Vergangenheit wurde der Zusammenhang zwischen sportlicher Leistung und Aktivierung immer mittels einer umgekehrten U-Funktion beschrieben, bei der die Leistung zunächst mit zunehmender Aktivierung ansteigt und dann mit weiter ansteigender Aktivierung abfällt (*Yerkes* u. *Dodson* 1908). Die zahlreiche Kritik an diesem Modell wurde bereits in Kapitel 4 skizziert. Mittlerweile wurden wesentlich differenziertere Modelle für den Zusammenhang von Aktivierung und Leistung formuliert (*Raglin* u. *Hanin* 2000). Es konnte nachgewiesen werden, dass vielfältige Moderatoren wie etwa die Anforderung an die sportliche Fertigkeit oder das Fertigkeitsniveau einen Einfluss darauf haben, welche Höhe der Aktivierung optimal ist. So werden Fertigkeiten, die eine präzise Bewegungssteuerung erfordern, besser bei geringerer Aktivierung ausgeführt als Aufgaben, die eine hohe Energetisierung benötigen (*Raglin* u. *Hanin* 2000). Ferner scheinen erfahrene Sportler besser mit einem höheren Aktivierungsniveaus zurechtzukommen als Anfänger (*Kleine* u. *Schwarzer* 1991).

Zone des individuell optimalen Funktionierens

Hanin (2000) entwickelte auf der Basis dieser Kritik ein Modell der »optimalen Zone individuellen Funktionierens«, nach dem jeder Athlet ein für sich optimales Aktivierungsniveau hat. Für den Einfluss der individuellen Zone des optimalen Funktionierens (IZOF) zeigte sich in verschiedenen Studien, dass erfolgreiche Athleten vor dem Wettkampf Aktivierungsniveaus angegeben hatten, die deutlich näher an ihrer IZOF lagen als weniger erfolgreiche Athleten (*Raglin* u. *Hanin* 2000). Aufgabe des Sportpsychologen ist es, gemeinsam mit dem Athleten dessen individuell optimales Niveau zu erarbeiten.

Wie bereits in Kapitel 4 ausgeführt, muss sich also ein hohes Aktivierungsniveau nicht zwingend negativ auf die sportliche Leistung auswirken. Entscheidend ist vielmehr die kognitive Komponente, die gedankliche Bewertung der Situation (*Beckmann* u. *Rolstad* 1997). In diesem Punkt ist der Übergang zur Selbstgesprächsregulation fließend. Wahrgenommene körperliche Erregung unmittelbar vor einem Wettkampf kann als »Nervosität« gedeutet werden und erhält damit eine negative, verunsichernde Bewertung. Die *körperliche Erregung* kann aber ebenso gut als Anzeichen einer Bereitschaft für maximale Leistung, als notwendige Wettkampfspannung und somit als optimale Leistungsvoraussetzung interpretiert werden.

Auch wenn vor allem die *kognitive Komponente* (die Bewertung des eigenen Erregungszustands, insbesondere Besorgtheit) eine entscheidende Rolle spielt, kann man an der Vorstellung einer Zone des individuell optimalen Funktionierens festhalten, denn Aktivierung kann ebenso die kognitive Aktivierung einschließen, in diesem Fall zum Beispiel Aktivierung störender Gedanken, zu starkes analytisches Fokussieren auf Technikelemente usw. Auch die kognitive Aktivierung kann durch den systematischen und gezielten Einsatz von Entspannungsverfahren verändert werden. So hilft die Atementspannung, belastende Gedanken (Besorgtheit) kurzfristig zu beseitigen, ohne die notwendige Wettkampfspannung zu reduzieren. Zusätzlich können die progressive Muskelentspannung und insbesondere das autogene Training langfristig zu mehr Gelassenheit und weniger Besorgtheit führen. Letztere Verfahren reduzieren jedoch die für das optimale Funktionieren erforderliche Wettkampfspannung und sollten daher nicht unmittelbar vor Wettkampfbeginn eingesetzt werden.

Häufig sieht sich der Trainer oder Sportpsychologe auch mit einer zu *niedrigen Wettkampfspannung* konfrontiert. Hier ist ein »Psyching-up« eines Athleten oder einer Mannschaft erforderlich. Allerdings sind die Anforderungen in den verschiedenen Disziplinen und Sportarten sehr unterschiedlich: Im Schießsport, der eine ruhige Hand erfordert, sollte bei hoher Konzentration die körperliche Erregung tendenziell eher geringer ausfallen als etwa beim Gewichtheben oder Sprint (*Beckmann* u. *Kazen* 1994).

Um den optimalen Zustand des Funktionierens zu erreichen, muss der Sportler demnach vor dem Start entweder die Wettkampfspannung erhöhen oder sich beruhigen. Letzteres betrifft vor allem die kognitive Komponente, Besorgtheit und Selbstzweifel (Nervosität).

Erniedrigte Aktivierung: Beruhigung

Im Hinblick auf die Beruhigung ist Atementspannung (vgl. Kap. 4) in Verbindung mit einer angemessenen Selbstgesprächsregulation die geeignete Selbstregulationsstrategie. Insbesondere jugendliche und weniger wettkampferfahrene Sportler haben – unabhängig von der Sportart – ein Problem mit der Bewältigung von Nervosität und müssen daher vor allem Techniken zur Selbstberuhigung erlernen. Beruhigung ist in der Regel auch die bessere Strategie zum Umgang mit Frustrationen und Ärger als »Dampfablassen«.

Wenn man den Ärger nach einer misslungenen Aktion abreagiert, braucht der Organismus 10–20 Minuten, um den Hormonhaushalt und das Herz-Kreislauf-System wieder ins Lot zu bringen. Das Gehirn wird mit Katecholaminen (Adrenalin, Noradrenalin) überflutet, wodurch die Aktivierung weiter gesteigert wird. Der Blutdruck steigt, die Atmung beschleunigt sich, der Blutzuckerspiegel sinkt, die Muskulatur verspannt sich. Ferner wird im Gehirn eine Beziehung zwischen dem Negativerlebnis und dem Wutanfall geschaffen. Beim »Dampfablassen« wird also gewissermaßen Öl ins Feuer gegossen. Außerdem lernt der Sportler nicht, mit der unangenehmen Erfahrung umzugehen, sondern wird den negativen Gefühlen mit allen physiologischen Begleiterscheinungen immer stärker ausgeliefert.

Erhöhte Aktivierung: Psyching-up

Hierunter werden Verfahren verstanden, welche die körperliche Aktivierung mit dem Ziel erhöhen, Trägheit und Lethargie zu beseitigen. Im weiteren Sinne bedeutet Psyching-up natürlich nicht nur eine Steigerung der Wettkampfspannung im Sinne einer solchen Aktivierungserhöhung. Mit dieser Maßnahme kann der Sportler gleichzeitig positiv auf den Wettkampf eingestimmt und dessen Erfolgserwartung durch das Verfügbarmachen der eigenen Stärken erhöht werden, indem erfolgreiche Erfahrungen abgerufen werden (siehe dazu »Selbstwirksamkeitsüberzeugung« und »Imagination« in diesem Kapitel, S. 71 und S. 80).

Strategien zur Erhöhung des Aktivierungsniveaus

- Aktivierung durch schnelle und abrupte Bewegungen
- Erhöhung der Atmungsfrequenz
- aktivierende Selbstgespräche, z.B. »Los geht's, jetzt zeige ich es den anderen!« oder »Auf diesen Wettkampf habe ich nur gewartet!«
- anregende Musik, die aktiviert und gleichzeitig eine positive Stimmung erzeugt, eventuell sogar im Sinne einer Siegesstimmung, wenn sie mit Erfolgserlebnissen verknüpft ist
- aktivierende Bilder (Imagination): So fand beispielsweise eine 400-m-Läuferin für sich das aktivierende Bild, dass sie so schnell und geschmeidig um die Bahn rast wie ein Puma

Zielsetzungstraining

Zielsetzung ist eine der wesentlichen motivationalen Techniken (*Locke* u. *Latham* 1990). Menschliches Handeln ohne Ziele wäre orientierungslos. Charakteristischerweise geht es im Leistungssport um das Erreichen von Leistungszielen. Die Frage ist immer: Wie klar, detailliert und bewusst sind diese Ziele? Sind sie vereinbar mit anderen eigenen Zielen oder mit den Zielen anderer aus der eigenen Mannschaft? Grundsätzlich gilt, dass Ziele nur dann Höchstleistungen vermitteln können, wenn sie so anspruchsvoll sind, dass sie hinreichend mobilisieren. Athleten ohne klar formulierte, anspruchsvolle Zielsetzungen werden es nie an die Spitze schaffen. Sie sind gewissermaßen Sportler, die schießen, ohne zu zielen. Sie genießen eventuell den Moment des Schießens selbst, aber ins Schwarze

werden sie nicht treffen. *Locke* und *Latham* (1990) fanden bei einer Durchsicht von 201 Studien mit mehr als 40000 Teilnehmern zu 91 % einen Erfolg durch Setzen von schweren, spezifischen Zielen. Ein gutes Beispiel für die Wirkung spezifischer, schwerer Ziele wird aus dem Bereich der Physiotherapie berichtet. Bekamen Patienten mit Bewegungseinschränkungen im Schulter- und Ellbogengelenk die Aufforderung: »Schließen Sie die Augen und heben Sie den Arm so hoch wie möglich..., höher..., noch höher«, so lag ihr Leistungsvermögen um ca. 18 Grad niedriger, als wenn sie der konkreten Handlungsaufforderung folgten: »Holen Sie bitte das dort stehende Buch aus dem Regal.«

Die Zielsetzungsforschung konnte diese Beobachtung bestätigen (*Locke* u. *Latham* 1990). Im Sportbereich sind die Forschungsergebnisse darüber, wie erfolgreich ein Zielsetzungstraining genau ist und welche Ziele für das Erreichen von Spitzenleistungen am besten geeignet sind, allerdings nicht ganz einheitlich. Darüber hinaus können Ziele auch negative Auswirkungen auf die sportliche Leistung haben. Wie bereits bei der Aktivierung ersichtlich wurde, spielt die Bewertung eine entscheidende Rolle. Verpflichtet man sich auf Ziele, die man nicht für realistisch hält, weil die eigene Erfolgszuversicht für diese Ziele nicht hoch genug ist, kann es zu Versagensangst kommen (*Jones* 1990).

Bei einem Zielssetzungstraining ist es daher entscheidend, dass es sich um Ziele handelt, die von den Athleten auch akzeptiert und internalisiert werden (*Erez* u. *Zidon* 1984). Für ein Zielsetzungstraining ist es ferner wichtig, dass die Athleten zwischen unterschiedlichen Zielen unterscheiden und sich auch diese verschiedenen Ziele setzen können. Man unterscheidet:

- *Rang- bzw. Ergebnisziele* (»outcome goals«): Es handelt sich um die angestrebten Ergebnisse von Wettkämpfen, z.B. deutscher Meister im Weitsprung werden oder den Weltrekord über 110-m-Hürden brechen,
- *Leistungsziele* (»performance goals«): Es handelt sich um die angestrebte Leistung unter Bezug auf einen Gütemaßstab oder Referenzwert, den der Athlet selbst oder der Trainer für maßgeblich hält, z.B. die Trefferquote im Basketballfreiwurf um 10 % zu steigern.
- *Prozessziele* (»process goals«): Hier geht es darum, wie bestimmte Fertigkeiten oder Strategien realisiert werden sollen, z.B. einen rhythmischen Schwung im Golf im Turnier durchhalten.

Untersuchungen zeigen, dass viele Sportler von sich aus mindestens zwei dieser Arten von Zielen setzen, nämlich ergebnisorientierte Ziele und prozessorientierte Ziele (*Jones* u. *Hanton* 1996). Ergebnisorientierte Ziele sind jedoch nicht alles entscheidend und können unter Umständen – wenn sie sich z.B. lediglich auf die Platzierung beziehen – zu erhöhten Angstwerten (*Burton* 1989) und sogar zu einem Ausstieg aus dem Wettkampf führen (*Roberts* 1986). Eine Studie von *Kingston* und *Hardy* bei Golfern (1997) zeigte beispielsweise, dass Golfer, die prozessorientierte Ziele (»Wohin spiele ich den Ball?«) einsetzten, sich besser konzentrieren und negative Gedanken besser kontrollieren konnten als Golfer, die ergebnisorientierte Ziele einsetzten. Dies mag damit zusammenhängen, dass die prozessorientierten Ziele die Aufmerksamkeit ganz konkret lenken und zu binden vermögen. Gerade für misserfolgsängstliche Sportler (s. Kap. 2) sind Prozess-, aber auch individuelle Leistungsziele (individuelle Bezugsnormorientierung) sehr hilfreich.

Zielsetzung im Sport

Unterschiedliche Ziele haben unterschiedliche Funktionen:
- Rangziele halten die Motivation in harten Trainingsphasen mit großem zeitlichem Abstand zur Zielerreichung aufrecht.
- Leistungsziele zeigen Fortschritte auf, stärken das Selbstvertrauen und simulieren Wettkampfsituationen.
- Prozessziele während Training und Wettkampf lenken die Aufmerksamkeit auf wesentliche Punkte und reduzieren den Aufbau von Wettkampfangst.

Eine Mehrfachziel-Strategie mit einer ausgeglichenen Balance zwischen Rang-, Leistungs- und Prozesszielen führt nach vorliegenden Forschungsbefunden offenbar zu den besten Leistungen (*Filby* et al. 1999). Vor allem für die Motivation, sich im Training zu quälen und teilweise oder völlig auf andere, vielleicht angenehmere Aktivitäten zu verzichten, sind Ergebnisziele, die »ziehen«, sehr wichtig. Hieraus entsteht die vollständige »Hingabe« (dedication) für den eigenen Sport, die eben aus dem übergeordneten Ziel genährt wird. Ein gutes Beispiel dafür liefert der nach Meinung der Golfmagazine meist beachtete Neuling auf der Golf-Profitour 2008, der Australier *Jason Day*. Wie das Golf Magazine im Januar 2008 schrieb, sind die schon jetzt erreichten Erfolge des Zwanzigjährigen nicht allein die Folge seines Talents: »Er grub sein Spiel aus dem australischen Dreck. Er arbeitet hart. Er will es. Als Teenager hängte er an die Wand über seinem Stockbett im Internat eine Liste von Zielen, denen er sich vollständig verschrieb.« Sein langfristiges Ziel ist klar formuliert: »Ich versuche daran zu arbeiten, ihm *(Tiger Woods)* den Platz Nr. 1 zu nehmen.« Übergeordnete, langfristige Ergebnisziele sind also für die Motivation, die Dedication, die Selbstverpflichtung die zentrale Energiequelle. Sportler müssen aber auch lernen, welche Art von Zielsetzungen zu welchem Zeitpunkt am besten für die Leistungserbringung geeignet ist (*Hardy* 1996). Im Wettkampf können dies primär aufmerksamkeitslenkende Prozessziele sein.

Dies macht auch deutlich, dass es wichtig ist, Ziele in Teilziele zu unterteilen und hierbei zwischen kurz-, mittel- und langfristigen Zielen zu unterscheiden (*Harris* u. *Harris*, 1984). Grundsätzlich sollten Ziele »smart« sein, d.h. spezifisch, messbar, anpassbar an die jeweiligen Umstände, realistisch und termingebunden (*Bull et al.* 1996). Oft wird vernachlässigt, dass Zielsetzung auch dazu motivieren soll, Zielerreichungsstrategien zu entwickeln. Wenn ein Golfer sich das Ziel setzt, in der kommenden Saison sein Handicap von 12 auf 9 zu reduzieren, sollte er spezifische Strategien entwickeln, wie er dies erreichen will, z.B. sein Putten verbessern, strategischer spielen. Hier zeigt sich auch, dass die beste Strategie, seine Ergebnisziele zu erreichen, darin liegt, sich auf Leistungs- und Prozessziele zu konzentrieren (*Orlick* u. *Partington* 1988).

Rückmeldung über die Zielerreichung (feedback) ist weiterhin wesentlich für die Wirkung von Zielsetzung. Das Feedback unterstützt die zielgerichteten Aktivitäten der Athleten und liefert ihnen Informationen darüber, wie sie ihre Ziele und/oder Zielerreichungsstrategien im Sinne einer optimalen Passung anpassen sollen. Daher sollte eine zielbewertende Rückmeldung als fortlaufender Prozess in Zielsetzungsprogramme eingeplant werden. Ein erfolgreiches Zielsetzungsprogramm beinhaltet demnach die Planung verschiede-

ner Ziele und eine Festlegung auf diese (commitment), das Entwickeln von Zielerreichungsstrategien und die Ausführung derselben sowie die Bewertung der Zielerreichung als fortlaufender Prozess für kurz-, mittel- und langfristige Ziele.

Die Wirkung der unterschiedlichen Zielsetzungen ist wie gesagt vielfältig und kann folgendermaßen zusammengefasst werden:
* Aufmerksamkeits- und Handlungslenkung,
* Mobilisierung von Energie und Anstrengung,
* Erhöhung des Durchhaltevermögens,
* Motivierung zur Entwicklung angemessener Aufgabenstrategien.

Mannschaftsziele

Hier kann die Mannschaft einschließlich Trainer im Dialog die Ziele für die kommende Saison festlegen. Diese sollten schwer, spezifisch und positiv formuliert sein (kein Vermeidensziel im Sinne von »Wir wollen nicht absteigen«). Ferner kann jeder Spieler seine Ziele mit der Mannschaft und seine Ziele in der Mannschaft formulieren. Letztlich scheint insbesondere in Mannschaftssportarten das Setzen von Gruppenzielen für die sportliche Leistung auch deshalb entscheidend zu sein, weil dadurch Teamgeist mobilisiert werden kann. Außerdem wird dem Phänomen des »sozialen Faulenzens«, sich also in der Mannschaft zu verstecken und andere die Arbeit machen zu lassen, entgegengewirkt (*Burton* 1993). Man unterscheidet Ziele, die sich die Person selbst setzt, von Zielen, die durch die Mannschaft gemeinsam gesetzt werden. Zu Ersteren gehören sowohl individuelle persönliche Ziele als auch individuelle Gruppenziele. Zu Letzteren gehören Teamzielsetzungen für ein einzelnes Mannschaftsmitglied und Teamzielsetzungen für die Mannschaft als solche.

Allerdings sollte man sich bei allen positiven Effekten der Zielsetzung auch über potenzielle Gefahren im Klaren sein. Dazu gehören eine möglicherweise durch die *hohe Zielsetzung* veranlasste Erhöhung der Risikobereitschaft und gegebenenfalls des Stresses. Ferner kann das Selbstbewusstsein untergraben werden, falls die Ziele nicht erreicht werden. Ebenso problematisch wie das Setzen unrealistisch hoher Ziele ist das Setzen zu *niedriger Ziele*. In diesem Fall werden die Ziele als Obergrenze statt als Minimum betrachtet. Wenn man sich das Ziel Silbermedaille bei Olympischen Spielen gesetzt hat und diese dann erreicht, ist im Finale vielleicht die Luft raus und man verpasst die mögliche Goldmedaille. Ziele können unter Umständen die Aufmerksamkeit auch einschränken, so dass Bereiche, die nichts mit dem Ziel zu tun haben, nicht beachtet werden. Dieser Tunnelblick kann ein angestrebter Effekt sein, er kann aber auch dazu führen, dass wichtige Informationen verpasst werden. Grundsätzlich sollten Sportler verstehen lernen, dass sie die Ziele brauchen, um von ihnen angezogen zu werden und maximale Motivation zu mobilisieren – sich gewissermaßen »nach der Decke zu strecken«. Hier wird von einer Realisierungsorientierung gesprochen. Nach dem Wettkampf wird das Resultat hingegen wieder realitätsorientiert, sachlich und rational bewertet, um daraus zu lernen und sich weiter zu entwickeln.

Checkliste Motivierung durch Ziele
- Ziele sind klar und spezifisch formuliert.
- Ziele haben einen anspruchsvollen Schwierigkeitsgrad, sind aber realistisch.
- Ziele werden akzeptiert (commitment).
- Die Zielerreichung wird konsequent verfolgt.
- Rückmeldungen werden kontinuierlich gegeben.

Erklärung von Erfolg und Misserfolg: Ursachenzuschreibung

Ganz eng im Zusammenhang mit Zielsetzung stehen die Ursachenzuschreibungen, die im Anschluss an eine erfolgreiche oder auch missglückte Zielerreichung vorgenommen werden.

Welche Ursachen für einen Erfolg oder einen Misserfolg verantwortlich gemacht werden, hat einen wesentlichen Einfluss auf die affektiven Reaktionen nach Erfolg oder Misserfolg. Dies wiederum ist bedeutsam für die zukünftige Motivationslage des Individuums. Der Prozess, in dem einem Handlungsresultat eine Ursache zugeschrieben wird, wird in der Psychologie als *Attribution* bezeichnet.

Die wahrgenommenen Ursachen für Erfolg und Misserfolg lassen sich anhand folgender Dimensionen unterteilen (*Weiner* 1986):
- Zeitstabilität (*stabil versus variabel*) und
- Lokalität (*internal versus external*)

In der Person liegende, also internale Faktoren sind Begabung und Anstrengung. Begabung wird als stabil angesehen, Anstrengung als variabel. Aufgabenschwierigkeit wird als außerhalb der Person liegende (externale) und stabile Ursache gesehen. Hingegen ist Zufall (Glück, Pech) external und variabel.

Selbstwertdienliche Attribution

Bei der Zuschreibung von Ursachen für die eigenen Erfolge und Misserfolge zeigt sich, wenn auch eher typischerweise nur für westliche Kulturen, eine Neigung, die Urteile zu verzerren: Die meisten sehen die Ursachen für ihre Erfolge bei sich selbst und schieben die Verantwortung für Misserfolge auf mangelnde Anstrengung oder externe Faktoren wie Pech oder zu hohe Aufgabenschwierigkeit. Dies nennt man auch selbstwertdienliche Verzerrung (»self-serving bias«, *Miller* u. *Ross* 1975). Die selbstwertdienliche Verzerrung ist im Prinzip sehr hilfreich: Sie baut ein positives Selbstwertgefühl auf und sorgt dafür, dass es aufrechterhalten bleibt. Der Nachteil liegt natürlich darin, dass ein Lernen aus Fehlern behindert wird, wenn immer nur äußere Umstände für ein Versagen verantwortlich gemacht werden.

Dem Trainer sind die Sportler bekannt, die den Fehler nicht bei sich suchen. Die Einführung einer »Fehlerkultur« ist hier hilfreich. Dabei gilt die Orientierung: »Fehler sind gut – solange sie keinen größeren Schaden anrichten«. Aus Fehlern lernt man schneller und mehr. Einen einmal begangenen Fehler macht man wahrscheinlich kein zweites Mal. Es kommt also darauf an, dafür zu sorgen, dass die Fehler möglichst in Situationen gemacht werden, in denen sie relativ folgenlos bleiben – also in einem Freundschaftsspiel oder einem Trainingswettkampf. Daher gehören zum psychologisch-orientierten Training solche Arten von Wettkampfsituationen, in denen typische Fehler gemacht werden können, ohne Schaden anzurichten (siehe dazu auch Einmaligkeitstraining, Prognosetraining, S. 120).

Wie gesagt unterscheiden sich Personen in ihrem Attributionsstil. Es zeigen nämlich nicht alle eine selbstwertdienliche Attribution. Dabei spielt das Leistungsmotiv mit seinen beiden Komponenten Hoffnung auf Erfolg und Furcht vor Misserfolg eine entscheidende Rolle. *Erfolgsmotivierte* zeigen in erster Linie eine selbstwertdienliche Attribution.

Bei *Misserfolgsmotivierten* findet sich hingegen ein genau umgekehrtes Muster (*Heckhausen* 1989): Misserfolge schreiben sie ihrer mangelnden Begabung (internal, stabil) zu, Erfolg hingegen Glück (external, variabel) oder geringer Aufgabenschwierigkeit (external, stabil). Für Misserfolgsmotivierte ist der Misserfolg Bestätigung dafür, dass es ihnen an Begabung fehlt. Dadurch sinkt ihre Erfolgserwartung weiter und sie werden zunehmend versuchen, den für sie unangenehmen Erfahrungen von Leistungssituationen aus dem Weg zu gehen. Wenn man sich nicht intensiv mit diesem Problem der Misserfolgsmotivierten auseinandersetzt, werden sie, obwohl sie sich in ihrer objektiven Leistungsfähigkeit nicht von den Erfolgsmotivierten unterscheiden, immer weniger Lust zeigen, an Wettkämpfen teilzunehmen, sich krank melden und schließlich ganz aus dem Wettkampfsport aussteigen.

Maßnahmen bei Misserfolgsmotivierten

Wie geht man mit den Misserfolgsmotivierten um? Es hat sich gezeigt, dass die problematischste Situation für Misserfolgsängstliche ist, vor den Augen von anderen etwas vorführen zu müssen, was sie nicht wirklich gut kennen. Es geht also vor allem um eine Angst vor schlecht einzuschätzenden Leistungsanforderungen und einer Angst vor Blamage. Den Misserfolgsängstlichen muss folglich Gelegenheit gegeben werden, neue Leistungsanforderungen für sich allein auszuprobieren und zu trainieren. Es ist für sie selbst belastend, wenn sie vor den Augen eines wohlmeinenden Trainers etwas vorführen sollen, bei dem sie nicht hundertprozentig davon überzeugt sind, es zu schaffen. Ferner ist der Vergleich mit anderen zunächst zurückzustellen.

Zunächst konzentriert sich der Trainer bei Misserfolgsmotivierten auf deren individuellen Leistungsfortschritt. Dies nennt man eine *individuelle Bezugsnormorientierung*. Persönliche Verbesserungen werden gelobt, auch wenn sie hinter den Leistungen der Gruppe (soziale Bezugsnorm) zurück bleiben. Es hat sich gezeigt, dass solche Trainingsorientierungen die Persönlichkeitseigenschaft Misserfolgsängstlichkeit innerhalb eines Jahres deutlich reduzieren kann, so dass ein Wettkampf dann nicht mehr als belastend empfunden wurde (siehe dazu *Rheinberg* u. *Krug* 2005).

Gezielte Förderung von Misserfolgs-ängstlichen

- Selbstbestimmung bei der Aufgabenwahl
- realistische Anspruchsniveausetzung
- längere Zeit zum eigenständigen Üben
- individuelle Bezugsnormierung
- gutes Klima (gegenseitiges Respektieren, Achten, Offenheit für Kritik, partnerschaftliches Verhältnis)
- Perspektiven für Weiterentwicklung aufzeigen (Pfad – Ziel)

Prinzip der optimalen Passung

Die Art der Ursachenzuschreibung hat auch Auswirkungen auf die Affekte. Stolz wird dann empfunden, wenn Erfolge auf Anstrengung zurückgeführt werden (»wie erwartet fleißig«). Werden erwartungswidrige Misser-folge auf mangelnde Begabung zurückgeführt, stellt sich Scham ein (»dümmer als erwartet«). Freude wird besonders dann empfunden, wenn ein unerwarteter Erfolg zufällig eintritt, und Ärger tritt dann auf, wenn erwartungswidrige Misserfolge auf z.B. zu hohe Aufgabenschwierigkeit zurückgeführt werden (*Weiner* 1986).

Zur Motivationsförderung gehört daher immer das so genannte »Prinzip der optimalen Passung«: Die Aufgabenschwierigkeit wird dem Können so angepasst, dass der Grenzbereich der Fähigkeiten getroffen wird.

Selbstwirksamkeitsüberzeugung und Selbstvertrauen

Das Selbstwertgefühl bezieht sich darauf, was man von sich selbst hält. Es ist ein relativ stabiles Persönlichkeitsmerkmal. Wie sehr man an seine Fähigkeiten glaubt, kommt in der Selbstwirksamkeitsüberzeugung zum Ausdruck (*Bandura* 1982). Die Selbstwirksamkeitsüberzeugung ist im Vergleich zum Selbstwertgefühl relativ situations- und bereichsspezifisch. So mag die Erfolgserwartung eines Nachwuchsathleten für sportliche Leistungssituationen größer sein als für schulische. Unter Athleten gibt es die unterschiedlichsten Ausprägungen von Selbstwirksamkeitsüberzeugung. Oft wird man mit Athleten konfrontiert, die unter einer sehr niedrigen Selbstwirksamkeit leiden. In diesem Zusammenhang kann es sogar zu einer »self-fulfilling prophecy« kommen. Das niedrige Selbstvertrauen führt dazu, dass eine schlechte Leistung erwartet wird. Kommt es dann tatsächlich zu einer schlechten Leistung, mündet dies in einem noch niedrigeren Selbstvertrauen. Allerdings gibt es auch Athleten, die vor Selbstvertrauen strotzen und dazu tendieren, ihre Fähigkeiten und Fertigkeiten zu überschatzen und somit kein realistisches Bild über ihr Können aufweisen.

Für die Praxis stellt sich die Frage, wie ein optimales Niveau von Selbstwirksamkeit erreicht werden kann. *Schunk* (1991) nennt 4 Quellen der Selbstwirksamkeitsüberzeugung (oder des Selbstvertrauens) von Athleten.

Quellen von Selbstvertrauen und Selbstwirksamkeitsüberzeugung

* zurückliegende Erfolgserlebnisse
* Einfluss des Trainers (Überzeugungscoaching)
* Beobachtungslernen: von erfolgreichen Vorbildern (Modellen) lernen
* Interpretation der eigenen Körpersignale als optimale Einstellung statt Nervosität (siehe Abschnitt über Aktivierung in diesem Kapitel)

Auf einer individuellen Ebene können verschiedene Fertigkeiten trainiert werden, um die Selbstwirksamkeitsüberzeugung positiv zu unterstützen. Dazu zählen beispielsweise die Selbstgesprächsregulation, die Imagination erfolgreicher Wettkämpfe und eine realistische Zielsetzung. Neben diesen kognitiven Fertigkeitstrainings haben sich auch körperliche Embodiment-Strategien bewährt. Nach einem Misserfolg oder einer Serie von Misserfolgen kann man versuchen, gezielt auf eine positive Körperrückmeldung Einfluss zu nehmen (siehe Embodiment in diesem Kapitel): Sich bewusst »stolz in die Brust werfen«, den Blick nur auf die Baumspitzen gerichtet, geht man daher stolz aufgerichtet wie ein Matador in der Arena. Daher wurde diese Technik der Körperrückmeldung von einem Golfer als »Gang des Matadors« beschrieben. Auch über die Mannschaftsebene kann man am Selbstbewusstsein arbeiten, wie das folgende Fallbeispiel zeigt. Dabei wurde insbesondere

auf die beiden Quellen des Selbstbewusstseins eingegangen: auf Überzeugungscoaching sowie den Einfluss von Vorbildern.

Praxisbeispiel: Mangelndes Selbstbewusstsein

Die Spielerinnen einer Nachwuchsmannschaft im Frauenfußball äußerten gleich bei Aufnahme einer sportpsychologischen Betreuung, dass sie unter einem zu geringen Selbstbewusstsein litten und kein Vertrauen in ihre spielerischen Fähigkeiten hätten. Dies war zunächst schwer nachzuvollziehen, da es sich um eine Spitzenmannschaft mit den erfolgreichsten Spielerinnen Deutschlands, wenn nicht Europas handelte. Allerdings wurden diese Aussagen auch durch Beobachtungen des Trainers gestützt, und im Eingangsgespräch äußerte dieser den Wunsch, das Selbstvertrauen der Spielerinnen zu stärken.

Dazu wurde auf Mannschaftsebene die folgende Intervention eingesetzt. In einer Sitzung wurden die Spielerinnen gebeten, die Stärken jeweils zweier anderer ihr zugeteilter Spielerinnen aufzuschreiben und diese Zettel dann anschließend der entsprechenden Spielerin zu überreichen. Ferner wurde mit den Spielerinnen gemeinsam besprochen, wie wichtig es ist, sich gegenseitig zu unterstützen und positiv zuzureden, und dass dies eine positive Wirkung auf das Selbstbewusstsein haben kann. Bei diesen Gesprächen war es außerordentlich wichtig, dass auch der Trainer anwesend war, so dass auch er in die Grundlagen des Trainings eingeführt werden konnte und die Spielerinnen daran erinnern konnte, sich gegenseitig positiv zu unterstützen. Mit dem Trainer wurde gleichzeitig die Wichtigkeit von Rückmeldungen und Feedback für das Selbstbewusstsein der Spielerinnen thematisiert.

Weiterhin wurde mit den Spielerinnen ein Prognosetraining auf dem Platz durchge-

> führt. Bei dieser Einheit konnte eine realistische Zielsetzung trainiert werden. So mussten die Spielerinnen bei einer Aufgabe vorher festlegen, wie viele von 10 Schüssen sie gegen den oberen Torpfosten treffen würden. Bei dieser Aufgabe erhielten sie automatisch auch ein Feedback zur Zielerreichung.

Selbstgesprächsregulation

Man verliert einen Wettkampf häufig, nachdem der innere Dialog umgekippt ist. Im Sinne *Gallweys* (1976) gewinnt hier der »innere Zweifler« mit seinen Negativbotschaften die Oberhand. Aussagen wie, »Ich kann heute keine langen Pässe spielen«, oder »Mein Aufschlag kommt heute einfach nicht« kennzeichnen in diesem Fall das Selbstgespräch. Häufig ist dies auch begleitet von einem durch Ratlosigkeit gekennzeichneten inneren Dialog, »Ich weiß auch nicht, was los ist«, »Wieso bin ich so schlecht?«. Nach solchen Aussagen kann man kaum erwarten, wieder auf ein gutes Leistungsniveau zu kommen. Verschiedene Forschungsarbeiten haben belegt, dass negative Selbstgespräche mit einer schlechteren sportlichen Leistung einhergehen (*van Raalte* et al. 1994). In einer Untersuchung fand man beispielsweise, dass Turner, deren Selbstgespräche von Misserfolgsängsten und Selbstzweifeln beherrscht wurden, sich nicht für die Olympischen Spiele 1976 qualifizierten (*Mahoney* u. *Avener* 1977). Zahlreiche Untersuchungen zeigen auch, welche Funktionen Selbstgespräche in verschiedenen sportlichen Anforderungssituationen erfüllen können (*Weinberg* et al. 1984). Selbstgespräche können erfolgreich eingesetzt werden, um die Anstrengung zu erhöhen (*Rushall* 1984), die Aufmerksamkeit auf relevante Reize auszurichten (*Schmid* u. *Peper* 1993), eine Stimmungsveränderung hervorzurufen (*Hardy* u. *Fazey* 1990) und die Rehabilitation nach einer Sportverletzung zu unterstützen (*Ievleva* u. *Orlick* 1991). Wie bereits in Kapitel 4 und in diesem Kapitel beschrieben, können Selbstgespräche ebenfalls zur Aktivierungsregulation und zur Stärkung des Selbstvertrauens eingesetzt werden.

Optimierung des inneren Dialogs

Ein Schwerpunkt in der sportpsychologischen Praxis sollte darin bestehen, mit dem Sportler geeignete Selbstgespräche zu erarbeiten. Der erste Schritt ist meist, dass sich Athleten über störende und leistungshemmende Gedanken bewusst werden. In einem zweiten Schritt werden diese Gedanken dann so umformuliert, dass sie die Leistung positiv unterstützen. Für die Erarbeitung der Selbstgespräche kann es hilfreich sein, die Sportler diese aufschreiben und zur darauf folgenden Sitzung mitbringen zu lassen. Günstig sind vorliegende Selbstgespräche von Trainingssituationen, aber auch von erfolgreichen und weniger erfolgreichen Wettkampfsituationen, um diese gemeinsam mit dem Sportler zu besprechen und zu analysieren.

Stellt sich bei der Analyse heraus, dass der Sportler Selbstgespräche führt, die z.B. nicht zielkongruent sind oder negative Gedanken hervorrufen, sollten diese verändert werden. Hier geht es darum, negatives Denken in positives umzuwandeln. Positives Denken ist kein Selbstbetrug. Hier geht es darum, eine andere Sichtweise einzunehmen. Schließlich kann man eine Medaille von zwei Seiten betrachten. Warum sollte das die negative sein? Beispielsweise kann man einen 1-Liter-Maßkrug, in dem 0,5 Liter Bier sind, als »schon halbleer« oder »noch halbvoll« ansehen. Für Biertrinker haben die verschiedenen Perspektiven einen unterschiedlichen Einfluss auf die Stimmungslage. Man ist traurig oder man freut sich, je nachdem, welche Sichtweise man sich zu Eigen macht.

Um den inneren Dialog zu optimieren, muss man zunächst erkennen, wie man mit sich redet, z.B. nach einem schlechten Lauf im Slalom, nach einem schlechten Schlag oder Loch im Golf. Typische Redewendungen werden aufgeschrieben und dann wird versucht, eine andere Sichtweise der Situation einzunehmen. Schließlich wird eine positive Aussage statt der negativen formuliert.

Trainieren des inneren Dialogs

Falten Sie ein DIN-A4-Blatt senkrecht in der Mitte. Schreiben Sie zunächst alle negativen Selbstgesprächssätze, die Ihnen häufig unterlaufen, auf die linke Seite. Ersetzen Sie anschließend auf der rechten Hälfte des Blattes diese negativen Sätze durch positive, Zuversicht ausdrückende Sätze.

Wichtig ist, dass Selbstgespräche erarbeitet werden, die für den Sportler am geeignetsten sind. Um das zu erreichen, sollten die positiven Selbstgespräche vom Sportler selbst formuliert und nicht vom Sportpsychologen vorgegeben werden. Diese Selbstgespräche müssen systematisch trainiert und in das sportliche Training integriert werden. Ferner kann die Wirksamkeit von Selbstgesprächen durch die Hinzunahme von Imagination noch verstärkt werden (*Cumming* et al. 2006).

Die Selbstgespräche können nach *Eberspächer* (2007) auf verschiedene Weisen umformuliert werden.

Selbstmotivierung

Hierbei kann es sich um Selbstinstruktionen handeln, das Vergegenwärtigen eigener Fertigkeiten oder auch die Vorwegnahme von Fremdbekräftigung. Durch diese Selbstmotivierungstechniken sollen mehr Energien freigesetzt werden.

Rationalisierung

Hierbei soll die Bedeutsamkeit eines als negativ erlebten Ereignisses reduziert werden. Das Erlebte wird in Beziehung zu anderen Erlebnissen gebracht und dadurch abgeschwächt.

Aufmerksamkeitsveränderung

Die Gedanken werden entweder gezielt auf eine bestimmte Sache fokussiert und dadurch von etwas Unerwünschtem abgelenkt.

Suche nach Problemlösungsstrategien

In Gedanken werden mögliche Lösungen durchgespielt, so dass die Gedanken nicht am negativen Ereignis haften bleiben, sondern auf die Lösung fokussiert werden.

Praxisbeispiel: Der innere Caddy

Im Profigolf ist der Caddy in der Regel ein Angestellter des Spielers. Ein Caddy trägt nicht nur die Golftasche, reicht und empfängt die Schläger, sondern ist auch ein kompetenter Berater und Motivationsexperte, unterstützt seinen Spieler bei der Vorbereitung und Planung einer Runde und berät bei einzelnen Schlägen. Ein guter Caddy erkennt, wenn der Spieler sein Selbstvertrauen verliert, und versucht, ihn wieder aufzubauen. Er kritisiert den Spieler nicht, sondern führt ihm seine Stärken wieder vor Augen.

Im Amateurbereich spielen auch die Nationalspieler in der Regel ohne Caddy. Nicht nur bei großen Turnieren liegen nach einem schlechten Schlag oder Resultat die Nerven blank, der Schläger wird weg geworfen und der Spieler brüllt: »Wie kann man nur so blöd sein. Du kannst aber auch gar nichts. Am besten du hörst mit dem Golfspielen auf.« In der Analyse der Situation wurde dem Spieler die Frage gestellt: »Wie würdest du reagieren, wenn dein Caddy so mit dir gesprochen hätte.« Die Antwort fiel kurz und knapp aus: »Ich hätte ihn rausgeschmissen.« Nächste Frage war: »Was erwartest du von deinem Caddy in einer solchen Situation?« Antwort: »Er soll mich wieder aufbauen und daran erinnern, was ich kann, und mir auch sagen, was jetzt zu tun ist.« Die nächste Frage war: »Könntest du in einer solchen Situation mit dir sprechen, wie du es von deinem Caddy erwarten würdest?« Von nun an nahm der Spieler seinen »inneren Caddy« mit auf die Runde. In jeder Situation, in der er frustriert war, sein Selbstbewusstsein zu verlieren und auszurasten drohte, stellte er sich vor, was ein guter Caddy nun zu ihm sagen würde. Er wurde dadurch ruhiger, blieb selbstbewusster, fühlte sich besser und spielte bessere Runden.

Konzentrationstraining

Bei einer Konzentrationsstörung geht die uneingeschränkte Aufmerksamkeit für eine Beschäftigung verloren. Statt sich z.B. beim Basketballfreiwurf ausschließlich auf die Vorstellung zu konzentrieren, wie der Ball von oben mitten in den Korb fällt, wandern die Gedanken des Spielers zum Publikum, er hört Geräusche der anderen Spieler, stellt sich vor,

was sein wird, wenn er trifft oder nicht trifft usw. Seine Empfänglichkeit für aufgabenbezogene Sinnesreize und geordnetes Denken wird dadurch gehemmt. Konzentrationsstörungen können bedingt sein durch einen aktuellen körperlichen Zustand wie Ermüdung, Erschöpfung, Dämmerzustand oder einen affektiven Zustand wie Angst oder Erregung. Insbesondere bei körperlichen Bewegungen, die hoch geübt sind, wie dies bei der Ausführung von sportlichen Handlungen durch gut trainierte Athleten der Fall sein sollte, können bewusste Gedanken, vor allem Technikgedanken, aber auch »Besorgtheit« zum Problem werden. Sie verhindern, dass der Sportler in die Zone optimalen Funktionierens, in ein Flusserleben (flow experience, *Csikszentmihalyi* 2000) kommt. Gerade beim erfahrenen Sportler werden Spitzenleistungen erst durch das Aufgehen in und das Einswerden mit der Tätigkeit ermöglicht.

Praxisbeispiele: Vermeintliches Konzentrationsdefizit

Ein Zehnkämpfer kam in die Betreuung und wünschte sich ein sportpsychologisches Training zur Verbesserung seiner Konzentration. Zunächst schilderte er sein Problem und berichtete von Zehnkämpfen, in denen er sich ab der dritten Disziplin nicht mehr konzentrieren konnte. Nach einer längeren Anamnese stellte sich heraus, dass kein Konzentrationsdefizit, sondern ein Ernährungsproblem vorlag. Der Athlet nahm während des Wettkampfs zwischen den einzelnen Disziplinen unzureichend Nahrung zu sich, was sich negativ auf seine Konzentration während der technischen Disziplinen des Zehnkampfs auswirkte. Der Athlet wurde an eine Ernährungsberaterin verwiesen, und das Problem konnte rechtzeitig vor dem nächsten Zehnkampf gelöst werden.

Ein ähnliches Problem wurde bei einem jungen Golfer beobachtet. Seine Leistungkurve ging ab dem 13. Loch meist steil nach unten. Es stellte sich heraus, dass er auf der Runde zu wenig aß und vor allem zu wenig trank. Um dieses Problem zu beheben, wurde eine Between-Shots-Routine aufgebaut, zwischen den Schlägen jeweils (mindestens) einen Schluck zu trinken und einen Bissen von seiner Rundenverpflegung zu nehmen.

In beiden Fallbeispielen wurden die Ursachen für die Konzentrationsprobleme der Sportler relativ schnell gefunden. Hier waren sie nicht psychischer Natur. Meist ist die Ursachenforschung jedoch komplizierter. Es gibt vielfältige Gründe, warum während eines Wettkampfs die Konzentrationsleistung nachlässt. In den meisten Sportarten ist Konzentration wesentlich für den sportlichen Erfolg. Erfolgreichere Athleten lassen sich weniger von unbedeutsamen Störungen ablenken und haben einen aufgabenorientierteren Aufmerksamkeitsfokus als weniger erfolgreiche Athleten. Sie konzentrieren sich weniger auf das Ergebnis und auf sorgenvolle Gedanken (*Williams* u. *Krane* 2000). Am häufigsten scheinen negative Gedanken eine Ursache für Konzentrationsstörungen zu sein, weil sie die Athleten vom eigentlichen Geschehen, beispielsweise während eines Wettkampfs, ablenken und mit dem, was auszuführen ist, in Konflikt geraten.

Stoppen negativer Gedanken

Es gibt eine Anzahl an effektiven Interventionsmaßnahmen, die sich bei negativen Gedanken einsetzen lassen. Eine davon ist der »Gedankenstopp«: Hierbei kann man sich etwa ein Stoppschild oder das Wort »Stopp« vorstellen und somit die negativen Gedanken anhalten. Es ist wichtig, nach dem »Stopp« die negativen Gedanken durch positive, möglichst aktionsbezogene Gedanken zu ersetzen. Im Basketball könnte eine zu trainierende Sequenz für die Situation nach einem Fehlwurf etwa folgendermaßen aussehen: Stoppschild sehen; Gedanke »jetzt Defense«; umdrehen, zurücksprinten.

Aufmerksamkeitsregulation

Manche Athleten sind in einer Wettkampfsituation so überwältigt, dass sie einen falschen Aufmerksamkeitsfokus wählen. *Nideffer* (1976) unterscheidet bei der Aufmerksamkeitsausrichtung zwischen nach außen gerichtet (external) und nach innen gerichtet (internal) sowie weit und eng (Abb. 10). Diese Ausrichtungen lassen sich zu vier Aufmerksamkeitsausrichtungen kombinieren:

- breiter internaler Stil,
- enger externaler Stil (Abb. 11),
- breiter externaler Stil,
- enger internaler Stil.

Im Hinblick auf eine optimale Aufmerksamkeitsausrichtung entlang dieser Dimensionen unterscheiden sich verschiedene Sportarten. Teilweise erfordern aber auch unterschiedliche Wettkampfsituationen unterschiedliche Aufmerksamkeitsausrichtungen. Zum Beispiel ist es für eine 800-m-Läuferin in Phasen des Rennens sehr entscheidend, dass sie die Gegnerinnen im Blick behält. Wählt sie in dieser entscheidenden Phase einen zu engen Aufmerksamkeitsfokus, z.B. ihren locker werdenden Schnürsenkel, hat sie das Rennen eventuell schon verloren hat.

Laut *Nideffer* (1976) können Athleten nicht alle vier Aufmerksamkeitsausrichtungen gleich gut ausführen. Im Rahmen eines Konzentrationstrainings sollte daher mit dem Ath-

---

external

weit-external
optimal, um komplexe Situationen
zu »lesen« und Umfelder
einzuschätzen; ermöglicht ein hohes
Maß an Antizipation

eng-external
erforderlich beim Reagieren
auf eine situative Anforderung,
Aufmerksamkeit eingeengt,
fokussiert

weit ——————————————————————————————— **eng**

weit-internal
Analyse des Eigenzustandes,
der Gesamtbefindlichkeit,
z.B. vor Entscheidungen,
wichtig für schnelles Lernen

eng-internal
optimal, um Sensibilität für psychische und somatische Prozesse
zu erwerben (In-sich-Hineinhören);
erforderlich, um sich zu zentrieren
und zu regulieren sowie mental zu
trainieren

internal

Abb. 10 Dimensionen der Aufmerksamkeitsausrichtung nach *Nideffer* (1976).

leten trainiert werden, schnell zwischen den unterschiedlichen Ausrichtungen hin und her zu wechseln, indem man ihm entsprechende Vorgaben gibt. Ferner ist es sinnvoll, mit den Athleten die verschiedenen Anforderungssituationen im Wettkampf im Hinblick auf den geeigneten Aufmerksamkeitsfokus durchzugehen.

Centering-Technik

Oft ist es ein Problem, in einen Wettkampf einzusteigen oder nach einer Pause wieder hineinzukommen. Hier kann die Centering-Technik helfen (*Nideffer* 1980). Dabei wird die Aufmerksamkeit unmittelbar vor Beginn des Wettkampfs zunächst auf die tiefe Bauchatmung zentriert, um dadurch störende Gedanken zu verhindern. Anschließend wird die Aufmerksamkeit auf die für den Wettkampf relevanten Reize gelenkt: zuerst weit (ganze Halle, Zuschauer), dann eng (Mittelkreis). Dies kann auch in die am Ende dieses Kapi-

Abb. 11 Beispiel einer engen externalen Orientierung: Der Golfer konzentriert sich auf das Loch und die Linie, auf der der Ball zum Loch laufen soll.

tels beschriebenen Routinen eingebaut werden, die vor allem für einen fokussierten Einstieg in einen Wettkampf eine zentrale Rolle spielen.

Auch während des Wettkampfs besteht die Gefahr, den Fokus zu verlieren (z.B. nach Misserfolgerlebnissen). Häufen sich Misserfolgserlebnisse, ist der Athlet oft vollkommen »out«. Der oben beschriebene Gedankenstopp reicht dann nicht mehr aus, um den Fokus wieder zu erlangen. Hier kann die »Reset-Technik« helfen. Wenn der Computer sich »aufgehängt« hat, drückt man den Reset-Knopf. Wenn etwa Golfer nach mehreren schlechten Schlägen, Fußballer nach einer Reihe schlechter Pässe »von der Rolle« sind, sollten auch sie einen Reset-Knopf drücken können: Beim Golf beispielsweise kann man sich vom Abschlag (oder Fairway oder Grün) abwenden; in die Landschaft schauen; einen Punkt am Horizont fixieren; auf die verlängerte Ausatmung konzentrieren; alles Negative in die verlängerte Ausatmung packen, »wegatmen«; an eigene Stärke im Golf denken; einen guten Schlag (Putt ..) imaginieren; Selbstsicherheit zurückgewinnen; umdrehen, an den Ball gehen; auf dem Weg zum Ball ggf. Zahlen zählen: 999, 996, 993 …

Umgang mit Störungen lernen

Um Athleten gegenüber Störungen zu immunisieren, sind Übungen wichtig, in denen sie bei ihrer Tätigkeit gestört werden. Diese Übungen sind nicht sehr beliebt, aber erfolgreich. Hier kann man z.B. Aufgaben stellen, die den tatsächlichen Wettkampf simulieren und die Athleten dann gezielt dabei stören. Im Basketball wird dies sehr oft zum Training des Freiwurfs eingesetzt, indem etwa bei einem Freiwurf die anderen Mannschaftsmitglieder den Werfer lautstark abzulenken versuchen. Es können auch laute Zuschauergeräusche über die Hallenlautsprecher eingespielt werden. Im Golfspiel lässt man den Golfer mit einem Kopfhörer trainieren, über den störende Geräusche, die beim Abschlag oder Putten auftreten können, eingespielt werden. Auch regelmäßiges Entspannungstraining (insbesondere autogenes Training) kann dafür sorgen, dass Reizschwellen gesenkt werden »und die Fliege an der Wand nicht mehr die Konzentration raubt«.

Embodiment

Im Sport wie auch in anderen Bereichen des Lebens teilt nicht nur das gesprochene Wort, sondern auch die Körpersprache anderen Menschen sehr viel mit, zum Beispiel wie viel Selbstvertrauen, Motivation und welche Einstellung die Person hat. Wenn der Athlet den Kopf hängen, Zeichen von Angst und Frustration erkennen lässt oder Wutausbrüche zeigt, kann dies Gegner enorm aufbauen. Man kann auch an sich selbst beobachten, wie eigene positive Gefühle und Erfolgszuversicht in dem Maße zunehmen, in dem der Gegner die Kontrolle über sich verliert. Man sollte sich daher stets bewusst sein, welche Signale die eigene Körpersprache aussendet. Außerdem kann man trainieren, nach einem Misserfolg nicht den Kopf hängen zu lassen, stattdessen aufrecht zu bleiben und Zuversicht auszustrahlen. Körpersprache wirkt aber nicht nur nach außen, sondern auch nach innen.

Menschliche Informationsverarbeitung findet in ständiger Wechselwirkung mit dem Zustand des eigenen Körpers statt, was als »Embodiment« bezeichnet wird (*Storch* et al. 2006). Körperzustände sind z.B. Körperausdruck, Körperhaltung und Körperspannung. Die Informationsverarbeitung wirkt sich auf den Körper aus, z.B. drückt sich die »Niedergeschlagenheit« nach einem Misserfolg auch in einem gebeugten Rücken und hängenden Schultern aus. Gleichzeitig beeinflusst der Zustand des Körpers umgekehrt auch die Informationsverarbeitung, die Motivation und insbesondere, wie man sich fühlt. Werden die Muskeln aktiviert, die zum Lachen nötig sind, führt dies auch zu einer besseren Stimmungslage ohne ein anderes positives Ereignis (*Strack* et al. 1988).

Unsere Körperzustände können wir teilweise bewusst kontrollieren: Statt unsere Schultern hängen zu lassen, können wir eine stolz geschwellte Brust zeigen; statt die Mundwinkel hängen zu lassen, können wir ein Lachen auf das Gesicht bringen. Damit können wir effektiv unsere eigene Motivations- und Emotionslage beeinflussen (Abb. 12). Außerdem wird im Gehirn der Weg zum Abruf unserer Stärken gebahnt und damit das Selbstbewusstsein gestärkt. Zusätzlich offenbaren wir unserem Gegner nicht Unsicherheit, sondern zeigen ihm Selbstbewusstsein und Stärke.

In jüngster Zeit wurde Embodiment auch zum Umgang mit Drucksituationen genutzt. Grundlage sind theoretische Annahmen, wie Versagen unter Druck (in Wettkampfsituationen) zustande kommt. Dabei wird davon ausgegangen, dass ein Athlet in Drucksituationen besonders motiviert ist. Er möchte alles richtig machen und ruft daher Technikgedanken ab, die er zuvor im Training gelernt hat (*Beilock* u. *Carr* 2001). Je mehr ein Techniktraining also mit sprachlichen Instruktionen für einzelne Technikelemente arbeitet, umso anfälliger sollte der Athlet für Technikgedanken in der Wettkampfsituation werden. Ein Versagen wird nun dadurch erklärt, dass die Konzentration auf die Abfolge einzelner Bewegungselemente den Fluss der Gesamtbewegung zerstört. Konzentriert sich der Athlet dementsprechend auf die für zentral gehaltenen Bewegungskomponenten (die »Knotenpunkte« einer Bewegung), kommt es an den Übergängen zwischen den Punkten zu einem

Abb. 12 Die Körperhaltung beeinflusst die Stimmungslage. Damit lässt sich diese bewusst kontrollieren.

Verlust des Bewegungsflusses (*Ehrlenspiel* 2001).

In einer Reihe von Untersuchungen fand man bei Golfern mit zunehmendem Druck eine zunehmende Aktivierung der linken Gehirnhälfte, insbesondere auch in den Bereichen, die für die Sprache zuständig sind (*Crews* 2004). Das war jedoch nicht bei allen untersuchten Personen der Fall. Diejenigen, bei denen dies passierte, versagten bei ihren Golfputts. Man kann vermuten, dass die Versager sich unter Druck auf sprachlich repräsentierte Technikgedanken konzentrierten: Lass die Handgelenke fest, pendele aus den Schultern, bring den Schläger gerade an den Ball usw. Bei erfolgreichen Puttern fand sich die stärkere Aktivierung der Sprachregionen im Gehirn nicht.

Für dieses Muster der Leistungsbeeinträchtigung sollten Personen mit einer Disposition zu Lageorientierung besonders anfällig sein. Charakteristischerweise können Lageorientierte in Drucksituationen nicht einfach die viele Male geübte Bewegung ausführen: Sie beginnen an alles zu denken, was mit einer korrekten Ausführung zusammenhängt. Oder sie fangen an, darüber nachzugrübeln, wie blamabel es ist, am Loch vorbei zu putten.

Die Hirnforschung zeigt, dass die rechte Gehirnhälfte die Bewegungsausführung eher ganzheitlich abgespeichert hat und steuert. Auch Hirnbereiche, die mit der räumlich-zeitlichen Koordination zu tun haben, finden sich eher in der rechten Hirnhälfte (*Hellige* 1993). Kann man ein Versagen unter Druck bei Grüblern beseitigen, wenn man das Übergewicht der linken Gehirnhälfte beseitigt und die rechte Hemisphäre wieder stärker ins Spiel bringt?

Da die rechte Hand vollständig mit der linken Gehirnhälfte zusammen hängt, lag es nahe, die rechte Gehirnhälfte durch Ballen einer Faust mit der linken Hand stärker zu aktivie-

ren. Bei Drücken der linken Hand sieht man in der Magnetresonanztomografie, dass der motorische Kortex in der rechten Gehirnhälfte aktiviert wird. Es wurden eine Reihe von Praxisinterventionen durchgeführt, die dies zu bestätigen scheinen. So war die Technik bei einer 800-m-Läuferin ebenso erfolgreich (Abb. 13) wie beim Putten im Golf. Die genauen Effekte dieser Intervention und auch eine möglicherweise notwendige Differenzierung nach Sportarten werden derzeit untersucht (*Beckmann* u. *Ehrlenspiel* 2006).

Imagination und Vorstellungstraining

Imagination und Vorstellungstraining sind elementare Bestandteile eines psychologischen Trainings zur Leistungsoptimierung im Sport. Beim Vorstellungstraining wird eine bestimmte Handlung oder auch Bewegungsausführung gedanklich trainiert und zur zielgerichteten Verbesserung oder Stabilisierung einer bestimmten sportlichen Handlung eingesetzt. »Dazu wird eine interne Repräsentation der Handlung aktiviert und die Ausführung dieser Handlung – möglichst optimal – wiederholt und in einem ausgewählten Kontext mental simuliert. Diese mentale Simulation erfolgt ohne beobachtbare körperliche Aktivität« (*Schack* 2006, S. 255). Vorstellungstraining kann zur unmittelbaren Wettkampfvorbereitung herangezogen werden, etwa um einen Slalomparcours vor dem Start noch einmal in der eigenen Vorstellung zu durchfahren.

Bei der Imagination handelt es sich um einen mentalen Prozess, bei dem mit allen Sinnen eine Wirklichkeit erzeugt wird, ohne dass die tatsächlichen Stimuli vorhanden sind. Die Imagination geht über das reine Vorstellungstraining hinaus, weil sie alle Sinne mit einbe-

Abb. 13 Einsatz des Drückens der linken Hand zur Stimulation der rechten Hirnhälfte bei einem 800-m-Lauf (Foto: Kiefner Sportfoto, Fürth).

zieht und sich nicht nur auf das Abrufen einer bildlichen oder sprachlichen Vorstellung beschränkt. Daher kann sie als Vorstellung des Gefühls einer optimal realisierten Bewegung (sportlichen Handlung) auf sprachliche Repräsentationen in vielen Fällen ganz verzichten. Imagination kann zur Aktivierungsregulation, zur Stärkung der Selbstwirksamkeit und zur Unterstützung des Heilungsprozesses nach einer Sportverletzung eingesetzt werden. Imagination eignet sich aber insbesondere, um Bewegungen ganzheitlich mit einer Betonung des Bewegungsgefühls zu trainieren, ohne die Bewegung tatsächlich auszuführen. Die Imagination stärkt damit im Gehirn das Muster einer optimalen Bewegungsausführung. Die Fehler, die bei der tatsächlichen Übung der Bewegung auftreten, finden sich bei der Imagination ebenso wenig, wie bei einem gut vorbereiteten Vorstellungstraining.

Orlick und *Partington* (1988) berichten, dass 99 % der von ihnen untersuchten Topathleten Vorstellungsregulationen verwenden. Topathleten setzen mehr Vorstellungsregulation ein als weniger erfolgreiche Athleten (*Hall* et al. 1991). Hochleistungs- und Leistungssportler verwenden Imagination häufiger, zielgerichteter und konzentrierter und erachten dieses Verfahren als relevanter und bedeutsamer als Breitensportler (*Nordin* et al. 2006). Diese Athleten setzen auch vielfältigere Formen der Imagination ein.

Durch Imagination werden tatsächlich physiologische Veränderungen bewirkt, die nicht auf die neuronalen Verknüpfungen im Gehirn beschränkt sind. *Reiser* (2005) konnte in einer Untersuchung den Effekt imaginierter Muskelkontraktionen auf die isometrische Maximalkraft nachweisen. Im Gegensatz zur Kontrollgruppe verzeichnete die mental übende Gruppe einen signifikanten Kraftgewinn. Besonders effektiv wirkt Vorstellungs-

training bzw. Imagination in Kombination mit physischem Training (*Feltz* et al. 1988). Offensichtlich führt das rein vorgestellte Ausführen einer sportlichen Aktivität aber auch zu Ermüdungseffekten. So berichteten Athleten, die auf dem Wege zu einem Wettkampf waren und die auszuführende sportliche Aktivität immer und immer wieder mental ausführten, dass sie im eigentlichen Wettkampf erschöpft waren und keine Toppleistung abrufen konnten.

Diese angesprochenen Studien belegen, dass Vorstellungstraining und Imagination den gewünschten Trainingseffekt für die Bewegungsausführung haben. Hinsichtlich der Erklärung der zugrunde liegenden Prozesse gibt es unterschiedliche Erklärungsansätze, die jedoch (noch) nicht eindeutig klären können, wie diese mentalen Verfahren wirken (siehe dazu *Munzert* u. *Reiser* 2003, *Schack* 2006). Ungeachtet dessen geben verschiedene Studien Hinweise darauf, was beim Erlernen und bei der Durchführung von Vorstellungstraining und Imagination beachtet werden sollte.

Tipps für die Durchführung von mentalem Training

* Vorab sollte mit den Athleten geklärt werden, wie ihre Einstellungen zu diesen mentalen Verfahren sind. Günstig ist es, zunächst einige *Grundlagen über die Techniken* zu vermitteln. Um sich auf die Imagination voll einlassen zu können, müssen die Athleten von der Effektivität überzeugt sein. Je überzeugter Athleten davon sind, dass sie die imaginierte Bewegung auch tatsächlich ausführen können, desto häufiger setzen sie die Imagination auch ein (*Short* et al. 2005). Der Erfolg des Einsatzes von Imagination steht dabei in Zusammenhang mit motivationalen Persönlichkeitsfaktoren (*Harwood* et al.

2003). So setzen Athleten mit hoher Aufgaben- und hoher Egoorientierung häufiger Imagination ein als Athleten mit niedrigeren Ausprägungen dieser beiden Orientierungen.

- Imagination muss von Athleten zunächst *erlernt* werden. Oft wird irrtümlicherweise davon ausgegangen, dass sie dies von vornherein gut beherrschen. Für Anfänger hat es sich als sinnvoll erwiesen, diese Verfahren an einem ruhigen Ort (z.B. in einem abgeschlossenen Raum) zu trainieren, so dass die Übenden ungestört sind und keine Ablenkungen erfahren.
- Vor dem Vorstellungstraining bzw. der Imagination sollte ein *Entspannungsverfahren* eingesetzt werden. Ein Vorstellungstraining, das mit einer einleitenden Entspannung begonnen wird, hat sich als erfolgreicher erwiesen als eines ohne vorangehende Entspannung (*Weinberg* et al. 1981). Dies hat unter anderem damit zu tun, dass Ängste, die mit der Bewegungsausführung verbunden sein können, in einem entspannten Zustand eher nicht auftreten und das Denken beherrschen werden. So kann der Turner bei einer schwierigen Barrenübung beispielsweise Angst vor einem Element haben, bei dem er sich verletzen könnte. Ein Slalomfahrer hat Angst, bei einem bestimmten Tor einzufädeln und zu stürzen. Ohne vorgeschaltete Entspannung können sich diese Ängste Zugang zur Vorstellung bahnen: Man sieht dann das Element der Barrenkür misslingen; der Skifahrer sieht sich stürzen. Genau dies würde dann durch das Vorstellungstraining programmiert werden. Schaltet man dem Vorstellungstraining eine Entspannung vorweg, können die Ängste den Zugang zur Vorstellung nicht bahnen, denn, wie im vorangehenden Kapitel ausgeführt, sind Angst und

Entspannung miteinander unvereinbar. Zur Durchführung der Entspannung können die in Kapitel 4 aufgeführten Entspannungstechniken eingesetzt werden. Will man Vorstellungstraining bzw. Imagination unmittelbar vor einem Wettkampf einsetzen, so eignet sich die Atementspannung, da diese die Wettkampfspannung nicht reduziert.

- Ferner ist es wichtig, dass die Athleten ein sehr *lebhaftes und kontrolliertes Bild* der mental zu trainierenden Bewegung haben. Hierzu kann es sinnvoll sein, das mentale Training direkt im Anschluss an ein praktisches Training durchzuführen, so dass die Bewegungsausführung noch sehr präsent ist. Für eine Imagination, bei der sich der Sportler den Sieg bei einem bevorstehenden Wettkampf vorstellen möchte, sollte der Wettkampfort vorher besucht oder Fotos von der Wettkampfstätte angesehen werden. Auch Videoaufnahmen können für das Erzeugen lebhafter Bilder sehr geeignet sein sowie schriftlich vorliegende Bewegungsbeschreibungen, die zusammen mit dem Trainer erarbeitet wurden.
- Ein weiteres wichtiges Merkmal der Imagination ist, dass sie *positiver Natur* sein sollte. Athleten sollten es vermeiden, sich z.B. Fehlversuche oder Misserfolge vorzustellen (*Gould* u. *Damarjian* 1996).
- Je nach Zielsetzung, die man mit dem Vorstellungstraining verbindet, kann die *Durchführungsdauer* unterschiedlich sein. Wenn die Zeit eine wichtige Komponente ist (wie etwa beim Sprint), und man einen erfolgreichen Wettkampf imaginieren will, sollte die Imagination in »Real Time« erfolgen, d.h., das mentale Training sollte so lange andauern, wie die tatsächliche Bewegungsausführung dauert. Geht es hingegen um die korrekte Ausführung

einzelner Bewegungselemente im Techniktraining, so kann es hilfreich sein, wenn die Bewegung in »Slow Motion« durchgeführt wird (*Gould* u. *Damarjian* 1996). Generell ungünstig ist es, wenn die Bewegungsausführung unterbrochen wird oder man sie sich rückwärts vorstellt.

* Beim mentalen Training wird oft diskutiert, ob Athleten die Bewegungsausführung aus einer *internalen* oder *externalen Perspektive* durchführen sollen. Bei der internalen Vorstellung blickt der Sportler wie durch den Sucher einer Kamera und sieht die Bilder so, wie wenn er die Bewegung gerade durchführt. Bei der externalen Sichtweise betrachtet sich der Sportler selbst dabei, wie er gerade die Bewegung ausführt. Es herrscht Uneinigkeit darüber, welche Form der Vorstellung bessere Ergebnisse erzielt. Eine Untersuchung mit Olympiateilnehmern verschiedener Sportarten zeigt, dass sie sowohl internale als auch externale Bilder verwenden (*Murphy* et al. 1990). *White* und *Hardy* (1995) zeigen, dass die Art der Bewegung für die Art der Vorstellung bedeutsam ist. So könnte beim Kanuslalom, bei dem schnelle Bewegungsveränderungen durchgeführt werden müssen, ein internaler Fokus wichtig sein, wohingegen in der Gymnastik, wo die äußere Erscheinung bedeutsam ist, ein externaler Fokus von Vorteil sein könnte. In jedem Fall sollte in der Betreuung der Fokus darauf liegen, mit dem Athleten gute, klare und kontrollierte Vorstellungen zu erzeugen – unabhängig davon, ob es sich dabei um internale oder externale Bilder handelt.

* Wie eingangs bereits erläutert, scheint mentales Training besonders effektiv zu sein, wenn es mit *physischem Training kombiniert* wird. Aus diesem Grund sollte mentales Training nach Möglichkeit im Wechsel mit physischem Training stehen (*Igel* 2001).

Anders, als manche Sportreporter anlässlich von Bildern vor dem Start eines Weltcup-Slaloms suggerieren, kann man sich nicht einfach hinsetzen und den Slalomkurs in Gedanken durchfahren. Wenn man so naiv und unvorbereitet heranginge, könnte das Wettkampfergebnis sogar negativ beeinflusst werden. Der Läufer sieht sich z.B. am als besonders kritisch eingestuften Tor einfädeln und stürzen oder an einem Tor vorbeifahren. Es kommt auch vor, dass der Athlet bei einer Passage hängen bleibt und diese mehrfach hintereinander sieht, oder er verliert die Vorstellung komplett. Vorrangiges Ziel des Trainings ist es demnach, die Vorstellungen kontrollieren zu können.

Da die Technik in der Regel vor allem sprachlich vermittelt wird, fällt es den meisten Sportlern schwer, sich von in Sprache gefassten Technikgedanken zu lösen und sich das Gefühl einer erfolgreich ausgeführten Bewegung vorzustellen. Deshalb müssen Vorstellungstraining und Imagination systematisch aufgebaut und trainiert werden.

Aufbau eines Vorstellungstrainings

Voraussetzung ist die praktische Erfahrung mit der auszuführenden Tätigkeit

* *Vorübung:* Um die Vorstellungsfähigkeit mit allen Sinnen zu schärfen, empfiehlt es sich, verschiedene Vorübungen durchzuführen. Ein Tennisball ist dafür sehr gut geeignet. Zunächst nimmt man diesen Tennisball mit allen Sinnesorganen wahr: Man sieht die gelbe Farbe, die Nähte, dreht dabei den Ball, um den Verlauf der Nähte zu sehen; spürt die flauschige Oberfläche des Balles;

nimmt den intensiven Geruch des Materials wahr, aus dem der Ball gefertigt ist; hört das Geräusch, das der Ball beim Aufspringen macht. Dann wird der Ball weggelegt, und die Augen werden geschlossen. Nunmehr versucht man, alle Sinneseindrücke so lebendig wie möglich nachzuempfinden.

- *Entspannungsverfahren:* z.B. Konzentration auf die verlängerte Ausatmung, bis der Kopf völlig frei ist.
- *Aufbau der Vorstellung in mehreren Schritten:*
  – Aufschreiben der zu übenden Aktion in allen relevanten Einzelheiten, mit allen Sinnesqualitäten. Manchmal kann es auch hilfreich sein, sich eine Zeichnung der Aktion zu machen.
  – Inneres Durchsprechen des Aufgeschriebenen. Dies wird so lange trainiert, bis die Aktion sicher und ohne Stocken (auswendig) abläuft.
  – Sich wie in einem Videofilm die Aktion durchlaufen sehen.
  – Sich die Aktion mit allen Sinnesqualitäten aus der Innenperspektive vorstellen (imaginieren).

Knotenpunkte

Eberspächer (2007) empfiehlt, nachdem man die grundsätzliche Struktur der Aktion erarbeitet hat und sicher »subvokal« durchsprechen kann, »Knotenpunkte« als entscheidende Stellen der Übergänge der Bewegungsausführung zu beschreiben und diese anschließend symbolisch zu markieren. *Eberspächer* (2007, S. 74) beschreibt etwa die Knotenpunkte beim Tennisaufschlag wie folgt: Ballhochwerfen (1. Knotenpunkt), Bogenspannung (2. Knotenpunkt), Schlägerrückführung (3. Knotenpunkt), Streckung (4.

Knotenpunkt), Abklappen des Schlägers (5. Knotenpunkt). Die symbolischen Markierungen sind dann Kurzformeln für diese Knotenpunkte. Er gibt das Beispiel einer symbolischen Markierung durch einen Diskuswerfer: Laaang (Eindrehen) – Sta (Landung zur Wurfauslage) – Pap (Abwurf). Die Beschreibung der Knotenpunkte soll helfen, die Struktur der Bewegungsausführung zu verdeutlichen. Durch die symbolische Markierung der Knotenpunkte soll der Bewegungsrhythmus besser aufgenommen und betont werden, um die Ausführung zu erleichtern.

Bei fließenden Bewegungen ohne natürlich definierte Stopp- oder Übergangspunkte kann dies, wie bereits angedeutet, problematisch werden und den Bewegungsfluss stören. *Ehrlenspiel* (2001) fand beispielsweise eine erhöhte muskuläre Aktivierung in Knotenpunkten, die bei einem Basketballfreiwurf definiert worden waren. Als Folge dieser phasenweise erhöhten Aktivierung litt der Bewegungsfluss, was sich in einer erhöhten Bewegungsungenauigkeit (erhöhte kinematische Varianz) niederschlug und damit eher schlechtere Leistungen zur Folge hatte. Ebenso zeigte sich in anderen Untersuchungen, dass sprachliche Markierungen von Nachteil sein können, weil sie eine Dominanz der linken Gehirnhälfte mit den dort befindlichen Sprachzentren zu Lasten der ganzheitlichen Bewegungssteuerung mit räumlich-zeitlicher Koordinierung durch die rechte Gehirnhälfte erzeugen (*Crews* 2004). Eine Knotenpunktdefinition sollte also möglichst nur dort erfolgen, wo sie im Ablauf der Bewegung natürlicherweise gegeben sind, z.B. das Absetzen der Hantel auf der Brust beim Gewichtheben. Symbolische Markierungen sollten möglichst nicht sprachlich sein und schon gar keine Technikgedanken beinhalten, sondern eher im Sinne eines musikalischen Rhythmus eingesetzt werden.

Regieanweisungen

Umfassendere sportliche Abläufe, z.B. ein ganzer Skiabfahrtslauf mit seinen wechselnden Anforderungen, können durch sog. Drehbücher organisiert und anschließend im mentalen Vorstellungstraining trainiert werden. Wichtig ist es, auch hier eine Innenperspektive einzunehmen, spezifische, knappe Anweisungen (keine Technikgedanken) zu geben und möglichst alle Sinne zu beteiligen. Die Athleten sollen für sich selbst bedeutsame konkrete Anweisungen (Regieanweisungen) entwickeln, aufschreiben und auswendig lernen, die ihnen Orientierung geben, was sie in verschiedenen Situationen tun sollen und wie sie ihre Gedanken regulieren können. Beispielsweise kann eine Basketballspielerin, die weiß, dass sie in kritischen Spielsituationen nervös wird und nach einem misslungenen Wurf blockiert ist, ein Drehbuch für genau diese Situation nach folgendem Muster entwickeln: bei freier Wurfbahn Dreipunktewurf nehmen – hopp – wenn kein Rebound (Treffer oder Ballverlust) Gedankenstopp (Stoppschild sehen) – Umdrehen – Zurückrennen – Defense.

Praxisbeispiel: Entwickeln eines Drehbuchs für den Skiabfahrtslauf

Die Vorbereitungen für die Imagination und Entwicklung eines Drehbuchs für den Skiabfahrtslauf und insbesondere den Super-G (bei dem vorab nicht der eigentliche Lauf trainiert, sondern nur der Hang befahren werden kann und der daher besondere Anforderungen an das Einprägungsvermögen stellt) bei den Olympischen Spielen in Lillehammer 1994 begannen im Sommer 1993. Ein wichtiges Element war es, »rote Ampeln« zu vermeiden. Der Begriff »rote Ampeln« ging darauf zurück, dass bei wichtigen

Rennen diverse Funktionäre vom Pistenrand Botschaften an den Sportler funkten wie »bei dem Eck musst du aufpassen«, »hier ist es heute gefährlich«, »das fährt sich anders als im Training« und damit durch das Aufstellen der »roten Ampeln« provozierten, dass an diesen Stellen die Bremse angezogen wurde. Im Drehbuch sollten stattdessen möglichst konkrete Handlungsanweisungen stehen (»Tor möglichst hoch anfahren«) und eher »Ampeln auf grün gesetzt« werden für Passagen, in denen man »Gas geben kann«.

Das Vorbereitungstraining fand in der Halle statt. In dieser wurde ein Parcours aufgebaut, der mit verschiedenen Aufgabenstellungen zu durchlaufen war. Zunächst war aus dem Laufen auf ein Skateboard zu springen und mit diesem dann Slalomstangen zu durchfahren. Es folgte ein Sprung in ein Minitramp, von dort auf einen Kasten, weiter auf den Schwebebalken. Danach ging es über eine umgedrehte Bank, wo in Längsrichtung von einem Bein auf das andere gesprungen werden musste. Dieser Parcours war auf Zeit zu bewältigen. Die Läufer besichtigten diesen Kurs zunächst und überlegten sich, was sie wo machen würden. Dann gingen sie aus der Halle und entwickelten das Drehbuch. Einige zeichneten sich den Parcours zunächst auf, andere gaben sich Stichwörter für die Elemente, die nach ihrer Vorstellung nicht automatisch zu durchlaufen waren. Für die Schlüsselstellen des Parcours wurden dann Regieanweisungen formuliert: mittig auf das Skateboard springen, ein Bein vor das andere (auf dem Schwebebalken) und für die unproblematischen Passagen einfach ein »Go« oder »Gas«.

Danach wurde das Drehbuch mental trainiert, wobei man genau imaginierte, wie man die einzelnen Passagen laufen würde. Anschließend erfolgte in der Halle ein praktischer Durchlauf. Die Erfahrungen wurden ausgewertet und das eigene Drehbuch optimiert.

Das hier Trainierte wurde später analog für die Situation auf dem Schnee umgesetzt. Der besichtigte Kurs mit der zu fahrenden Linie wurde aufgezeichnet. Die Schlüsselstellen wurden herausgearbeitet und konkrete Anweisungen, genau wie im Sommer trainiert, formuliert. Anschließend folgte die Imagination des Laufs.

Routinen

Viele der im Vorangehenden beschriebenen Fertigkeiten lassen sich für den Abruf in der Wettkampfsituation in so genannte Routinen integrieren. Unter einer Routine wird ein stets annähernd gleich ablaufender Vorgang verstanden. Routine in etwas zu haben, bedeutet im Allgemeinverständnis, dass man dies ohne nachzudenken sicher erledigen kann. Wer routiniert handelt, ist dabei auch nur schwer aus dem Konzept zu bringen und zu stören. Kennzeichen der Routine ist, dass sie immer durchgeführt wird und im Idealfall immer gleich ist.

Im Gegensatz zu Ritualen sind Routinen zwar gut organisiert, aber lassen dennoch Flexibilität zu (*Schack* et al. 2005). Außerdem – und das ist die wichtigste Unterscheidung – umfassen Routinen Fertigkeiten, die für die Lösung der anstehenden Aufgabe funktional sind, zum Beispiel zum Beseitigen störender Gedanken und zum Aufbau von Konzentration und Wettkampfspannung. Rituale haben etwas Zeremonielles an sich und können abergläubische Elemente enthalten. So entwickelte beispielsweise ein Fußballbundesligatrainer das Ritual, zu jedem Spiel einen gelben Pullover anzuziehen, da er glaubte, dass

seine Mannschaft nicht verlieren könne, wenn er zum Spiel diesen Pullover trug. Hier wird deutlich, dass Rituale im Gegensatz zu Routinen in der Regel keine Fertigkeiten beinhalten, die Einfluss auf die Leistung nehmen können. Rituale können zweifellos von Nervosität ablenken und Selbstvertrauen stiften. Wenn sich eine Mannschaft vor dem Spiel im Kreis aufstellt, sich die Spieler bei den Händen nehmen und gemeinsam ihren »Kriegsruf« brüllen, kann dies Teamgeist aktivieren.

Die Funktion von Routinen liegt demgegenüber in einer Stabilisierung von Verhalten über Fertigkeiten. Sie schaffen einen »absichtsvollen Mikrokosmos, der kontrolliert werden kann (*Schack* et al. 2005, S. 145) mit dem Ziel, die Handlungsvorbereitung zu optimieren. Man durchläuft eine Sequenz von Aktionen, die jede für sich zur Vorbereitung oder Nachbereitung eines Freiwurfs, Elfmeterschusses oder eines Golfschlages nützlich sind. Indem diese Aktionen in eine Routine eingebaut werden, wird einerseits sichergestellt, dass keine der Aktionen, die jede für sich eine Funktion erfüllt, vergessen wird. Andererseits werden die Aktionen in der Routine auch in eine feste, optimale Reihenfolge gebracht. So sollte beispielsweise vor der Visualisierung der geplanten Handlung eine Konzentration auf die Atmung erfolgen, um den Kopf frei zu bekommen. Schließlich helfen die Routinen auch, die Gedanken zu kontrollieren. Sie bringen gewissermaßen den Grübler in uns zum Schweigen.

Diese Sequenz der Aktionen in einer Routine besteht sinnvollerweise aus Fertigkeiten, die zielführend sind. Es ist zum einen sehr wichtig, dass die Sequenz der Aktionen geschlossen ist, also keine Zeit übrig bleibt, die nicht durch Aktionen ausgefüllt wird – unausgefüllte Zeit lässt Zeit für störende, zweifelnde Gedanken. Zum anderen ist für die Automatisierung der Routine und damit der gewonnenen Handlungssicherheit wesentlich, dass die Aktionen und deren Anzahl nicht beliebig von Handlung zu Handlung variieren, sondern relativ konstant ausgeführt werden. Anderenfalls wäre es eben keine Routine mehr. Man sollte also keinesfalls zum Beispiel vor einem Basketballfreiwurf den Ball bei einem Wurf zweimal, bei einem anderen hingegen fünfmal auftippen. Das häufigere Auftippen könnte ein Anzeichen von Unsicherheit sein und für den Spieler zu einem entsprechenden körperlichen Marker werden, der Unsicherheit abruft.

Athleten müssen ihre ganz individuellen Routinen entwickeln. Je besser sie die Funktionen ihrer Routine verstehen und je besser sie ihren individuellen Bedürfnissen entspricht, desto effektiver wird die Routine sein (vgl. *Schack* et al. 2005, S. 138). Eine Vielzahl von Untersuchungen bestätigt die Effektivität von Routinen (*Boutcher* 1990, *Cohn* 1990, *Heishman* 1989). *Crews* und *Boutcher* (1986) fanden etwa, dass erfahrene und erfolgreiche Golferinnen wesentlich elaboriertere Preshot-Routinen hatten als unerfahrene und diese auch erheblich konsistenter anwendeten.

Studien in verschiedenen Sportarten belegen, dass die besten Leistungseffekte mit Routinen erzielt werden, die sowohl kognitive Elemente (Aufmerksamkeitsfokussierung, Slogans etc.) als auch körperliche Elemente (Atmung, Probebewegung etc.) beinhalten: Turmspringen (*Highlen* u. *Bennett* 1983), Golf (*Cohn* et al. 1990), Tennis (*Moore* 1986), Turnen (*Mahoney* u. *Avener* 1977) und Volleyball (*Schack* 1997).

Man unterscheidet Routinen vor (prä), nach (post) und zwischen (between) sportlichen Leistungshandlungen. Routinen kommen sowohl in Einzel- als auch Mannschaftssportarten zum Einsatz. So kann eine Mannschaft vor Beginn eines Spiels eine Routine durchführen, um besser ins Spiel zu kommen. Wichtig ist, dass individuelle Routinen nicht in Konflikt mit Mannschaftsroutinen kommen. Eine wichtige Aufgabe sportpsychologischer Diagnostik (z.B. durch Spielbeobachtungen, Auswertung von Spiel- bzw. Wettkampfstatistiken) kann es sein, Schwächeperioden im Wettkampfgeschehen zu identifizieren. So kann beispielsweise festgestellt werden, dass eine Mannschaft oder ein Athlet schlecht in den Wettkampf hineinkommt oder der Wiedereinstieg nach einer Pause schwer fällt. Häufig wird auch festgestellt, dass nach (unerwarteten) Misserfolgen (Rückstand, kein Torerfolg) das Selbstvertrauen und die Konzentration zusammenbrechen. Diese Probleme können über Routinen erfolgreich behandelt werden.

Präroutine

In einer Präroutine können je nach Anforderungen der Sportart und der Situation drei Phasen unterschieden werden (*Beckmann* im Druck):

- *Planungs- und Entscheidungsphase:* rational Informationen verarbeiten und abwägen, was zu tun ist, und dann konsequent eine Entscheidung treffen, bei der eine »Line of Commitment« überschritten wird. Danach gibt es kein Zurück und keine Zweifel mehr.
- *Vorbereitungsphase:* Die Handlung, für die man sich entschieden hat, wird vorbereitet, z.B. durch »Kopf frei atmen«, Visualisieren, Probehandeln, aufrecht und entschlossen an den Start gehen.

- *Ausführungsphase:* z.B. auf das Ziel ausrichten, durchatmen, sich ein klares Signal (Go-Signal) für die Ausführung geben. Das klare, entschlossene Go-Signal ist hierbei besonders wichtig, um keine Unsicherheit mehr aufkommen zu lassen. Fatal wäre es, vor der Ausführung darauf zu warten, dass sich das gute Gefühl für die Handlung einstellt. Dadurch würde man genau die Kontrolle abgeben, die man durch eine Routine zu gewinnen sucht.

Postroutine

In der Postroutine geht es darum, das Erlebte zu verarbeiten, daraus zu lernen, um zu wissen, was man zukünftig tun soll. Die Postroutine hat z.B. ganz explizit die Funktion zu verhindern, dass sich ein Sportler nach einer misslungenen Aktion völlig hilflos fühlt und Kontrollverlust erlebt, der durch den inneren Dialog »Ich weiß auch nicht, was heute los ist« zum Ausdruck gebracht wird. Kommt es zu diesem inneren Dialog, sinken die Erfolgserwartungen dramatisch. Deshalb gibt es in der Postroutine gedankliche (kognitive) Elemente der Analyse und Bewertung mit nach vorn orientierten Schlussfolgerungen (Was habe ich gelernt, was kann ich tun?) und auch körperliche Elemente. Letztere dienen dazu, die hochgefahrene Aktivierung wieder zu reduzieren und stellen gleichzeitig eine Form des Embodiments dar. So sollte die Wiederholung einer gelungenen Bewegung diese Bewegung festigen. Das (ggf. auch mehrfache) Wiederholen der Bewegung nach einer misslungenen Aktion kann beim Abbau der körperlichen Seite der Frustration helfen: den Frust durch eine zielführende Bewegung abbauen.

Beckmann (im Druck) hat eine vierphasige Grundstruktur für die Postroutine entwickelt und diese mit dem Kürzel »KABA« bezeichnet.

- K steht dabei für *Kontrolle der Körperposition.* Nach der Aktion wird zunächst beispielsweise eine aufrechte Körperposition mit »stolz geschwellter Brust« gehalten.
- Gleichzeitig mit dieser körperlichen Aktion wird eine *kognitive Analyse (A)* des soeben Geschehenen durchgeführt. Es wird analysiert und bewertet, inwieweit die Aktion dem formulierten Ziel entsprach, ggf. warum sie misslungen ist. Die Analyse richtet sich ausschließlich auf die Ausführungsebene und beinhaltet keinesfalls eine Selbstbewertung (»du bist ja so schlecht«, »du kannst ja wirklich gar nichts«), da hierdurch Selbstbewertungsschleifen entstehen, aus denen man nur schlecht wieder herauskommt und die natürlich das Selbstvertrauen rauben (*Beckmann* 1994).
- B steht für *Bewegung.* Es wird eine zielführende körperliche Aktion ausgeführt. Diese besteht in der Regel aus der zuletzt ausgeführten und analysierten Bewegung; z.B. wird die Bewegung des Tennisaufschlags wiederholt – und zwar so, wie sie optimal ist. Die Bewegung baut zum einen Adrenalin ab; sie verstärkt zum anderen eine gute Aktion und erhöht die Wahrscheinlichkeit, dass diese wieder gezeigt wird. Gleichzeitig hilft diese Betonung des Gelungenen Selbstvertrauen aufzubauen. Die realisierte Bewegung zeigt nach einer schlechten Aktion, wie es besser geht und dass man es tatsächlich besser kann.
- Um zur nächsten Aktion übergehen zu können, muss man die vorangehende abschließen, gewissermaßen einen Punkt setzen. Das geschieht über das A, denn dieses steht für *Abschluss.* Hier wird eine Aktion ausgeführt, die eindeutig den Abschluss des soeben Ausgeführten anzeigt.

Mannschaftsspieler klatschen sich nach einer Aktion als bestärkendes oder aufmunterndes Signal oft ab, der Golfspieler kann z.B. den Schläger in seine Golftasche stecken usw.

- Es ist wichtig, dass gerade im Nachwuchsbereich eine Postroutine nicht nur nach einer schlechten Aktion, sondern auch nach guten Aktionen durchgeführt wird. Allzu oft wird die gute Aktion als das Erwartete einfach hingenommen, und man geht zu schnell ohne Nachbereitung zum nächsten Punkt über. Mithilfe der Postroutine kann der Athlet aus einer misslungenen Aktion etwas lernen. So war keine schlechte Aktion nutzlos, weil er Lehren daraus zieht. Zusätzlich sollte der Athlet nicht dem Schlechten mehr Aufmerksamkeit widmen als dem Guten. Tut er dies, bleiben ihm vor allem seine Misserfolge im Gedächtnis. Im Gegensatz dazu sollte er vielmehr das Gute mitnehmen, denn das zeigt ihm, was er kann, und baut sein Selbstvertrauen auf.

Zwischenroutine

Bei der Zwischenroutine geht es darum, zwischen einzelnen Belastungen die »Akkus wieder aufzuladen«, sich ggf. neu zu fokussieren.

Dies ist z.B. eine wichtige Maßnahme zwischen den Schlägen beim Golf, aber auch zwischen den einzelnen Disziplinen im Zehnkampf.

Zum Teil geht es darum, die physiologischen Defizite auszugleichen. Essen und Trinken werden oft vergessen. Durch den routinemäßigen Schluck aus der Flasche und den Biss vom Müsliriegel nach jedem Golfschlag werden die Reserven wieder aufgefüllt. Zwischen den verschiedenen Wettkampfdisziplinen kann man mentale Frische und damit Konzentration wieder herstellen, sich beispielsweise auch komplett vom sportlichen Geschehen abwenden, sich die Zuschauer oder die Landschaft anschauen, Musik hören, Atementspannung durchführen.

Weiterführende Literatur

Eberspächer, H. (2007). Mentales Training. Das Handbuch für Trainer und Sportler. München: Copress.
Taylor, J., Wilson, G. (2005). Applying Sport Psychology. Champaign, Il.: Human Kinetics.

6   Erholung, Belastung, Vermeiden von Übertraining

Einleitung

»Ich konnte eine persönliche Bestleistung erzielen und den 2. Platz bei den Junioren-Europameisterschaften erreichen, weil ich genug Zeit hatte, mich vom Trainingslager zu erholen, das direkt vor den Meisterschaften stattgefunden hat.« Diese Aussage einer jungen Hochspringerin unterstreicht, wie wichtig in der Wahrnehmung erfolgreicher Athleten ausreichende Erholung für die Erzielung von Spitzenleistungen ist.

Auch die wissenschaftliche Forschung hat sich in den letzten Jahren verstärkt dem Thema Erholung gewidmet. Ältere Arbeiten bezogen sich immer nur auf die Regeneration. Erholung ist aber mehr als das reine Wiederauffüllen psychophysiologischer Leistungsressourcen. Erholung integriert die verschiedenen physiologischen subjektiven sowie proaktiven (selbst initiierten) handlungsorientierten Komponenten; dies schließt die Regeneration ein (*Kellmann* u. *Kallus* 1999). In den letzten Jahren wurde insbesondere im Leistungssport die Bedeutsamkeit einer über physische Regeneration hinausgehenden Erholung erkannt. Findet kein Ausgleich der Trainings- und Wettkampfbeanspruchungen statt, kann eine längerfristige unzureichende Erholung bei Athleten zu Übertraining, Burnout und Leistungseinbußen führen. Insofern enthält das Strukturmodell sportpsychologischer Betreuung von *Beckmann* (im Druck) auch eine vierte, übergeordnete Ebene, bei der es um eine möglichst annähernd kontinuierliche Erfassung (Monitoring) der Erholungs-Beanspruchungs-Bilanz von Athleten geht.

In diesem Kapitel wird verdeutlicht, dass Erholung ein Schlüsselelement für die Entwicklung und den Erhalt sportlicher Leistung ist. Es wird auch thematisiert, wie die Erholung gemessen und wie ein Übertraining verhindert werden kann.

Definition und Kennzeichen von Erholung

In den meisten wissenschaftlichen Definitionen wird Erholung als Ausgleich tätigkeitsbedingter Defizite des Organismus bezeichnet. Damit ist gemeint, dass durch Erholung eine Wiederherstellung des Ausgangszustandes erfolgt. *Allmer* und *Niehues* (1989, S. 18) kennzeichnen Erholung demgemäß als Prozess, »durch den die psychischen Beanspruchungsfolgen vorangegangener Tätigkeiten ausgeglichen und die individuellen Handlungsvoraussetzungen wiederhergestellt werden«.

Im Leistungssport ist Erholung ein wesentlicher Prozess. Nicht nur, um Übertraining und Burnout zu vermeiden. Erholung ist auch an der Trainingswirkung beteiligt. Erholung kann ferner wesentliches Element in der unmittelbaren Wettkampfvorbereitung sein. Bevor wir zu diesen Aspekten kommen, werden grundlegende Merkmale von Erholung genannt, deren Verständnis für die praktische Arbeit des Sportpsychologen und auch Trainers sehr wichtig ist.

**Definition von Erholung
(nach *Kellmann* 2002, S. 10)**

Ein inter- und intraindividueller auf verschiedenen Ebenen (psychisch, physisch, sozial) angesiedelter Prozess in der Zeit zur Wiederherstellung von Leistungsfähigkeit. Erholung beinhaltet eine handlungsorientierte Komponente: Selbstinitiierte Aktivitäten können systematisch zur Optimierung situativer Bedingungen und zum Aufbau und Auffüllen persönlicher Ressourcen und Puffer genutzt werden.

Individuelle Erholungsstrategien

Entscheidend ist zunächst, dass Erholung personenspezifisch und von individuellen Bewertungen abhängt. In der Arbeit der Zweitautorin mit einer Gruppe von Kader-Leichtathleten fragte sie die Sportler, wie sie sich am besten erholen. Für eine Athletin wirkte es sehr entspannend, viel Zeit in einem Schuhladen zu verbringen und sich dort neue Schuhe zu kaufen, wohingegen dies für einen männlichen Athleten die schlimmste und belastendste Aktivität darstellte, die er sich vorstellen konnte.

Das Beispiel verdeutlicht, dass Sportler verschiedene Erholungsstrategien und -bedürfnisse haben können. Daraus folgt für die praktische Arbeit: Erholungsaktivitäten können nicht für alle Mitglieder einer Trainingsgruppe vorgegeben werden, sondern müssen individuell abgestimmt werden. Nach ein und derselben Aktivität ist der eine Sportler sehr entspannt, wohingegen ein anderer sich nicht im Geringsten erholt fühlt. Eine vom Trainer sehr häufig angeordnete Erholungsaktivität ist ein gemeinsamer Saunabesuch nach dem Training. Hierbei wird aber oft außer Acht gelassen, dass sich manche Sportler in der Sauna nicht wohl fühlen und hier keinesfalls

nach einem anstrengenden Training erholen können.

Erholung braucht also individuelle Freiräume. Sie muss für jeden Athleten individuell geplant werden. Im Rahmen einer sportpsychologischen Betreuung ist es daher sehr wichtig, mit den Sportlern gemeinsam ihre persönlichen optimalen Erholungsstrategien zu erarbeiten. Dabei gilt es zu berücksichtigen, dass jede Person über mehrere Alternativen verfügen sollte, denn manchmal ist die bevorzugte Erholungsstrategie nicht einsetzbar oder aufgrund externer oder interner Umstände nicht effektiv umsetzbar. Zum Beispiel kann die Erholungsstrategie »Massage« im gewohnten Umfeld eines Olympiastützpunktes optimal sein. Im Trainingslager kann es jedoch durchaus vorkommen, dass kein Physiotherapeut anwesend ist. Dann ist es wichtig, dass die Athleten alternative Methoden kennen und anwenden können.

Schlaf, Bewegung

Schlaf ist eine ganz wesentliche Erholungsmaßnahme. Vor allem im Trainingslager, insbesondere mit Jugendlichen, ist darauf zu achten, dass hinreichend Schlaf guter Qualität möglich ist. Erholung muss aber nicht rein passiver Natur sein. Erholung kann in drei Formen unterteilt werden – *passive, aktive* und *proaktive Erholung*. Lange herrschte die Meinung vor, Erholung könne nur in passiver Form (z.B. in Ruhezeiten) stattfinden. Sportwissenschaftliche Studien haben jedoch gezeigt, dass der Erholungswert von moderater Bewegung gegenüber Passivität erhöht ist (z.B. *Ahmaidi* et al. 1996). Im Sport bezeichnet man moderate körperliche Betätigung im Erholungsprozess als aktive Erholung, während die passive Erholung durch Sitzen oder ruhiges Liegen gekennzeichnet ist (*Hollmann* u. *Hettinger* 2000).

Massagen, Bäder, Sauna

Passive Erholung schließt auch Anwendungen wie Massagen, heiße und kalte Bäder, Dampfbäder und Sauna ein. Diese Erholungsmaßnahmen wirken durch physiologische physikalische Reize (Hitze, Kälte, Druck), die den Blutfluss, die Atemfrequenz und den Muskeltonus beeinflussen. Zusammengefasst beinhaltet passive Erholung automatisierte psychologische und biologische Prozesse, um den Ausgangszustand wiederherzustellen. In der Praxis werden meist diejenigen Aktivitäten, die zur passiven Erholung zählen, als Einzige systematisch angewendet.

Abwärmaktivitäten

Erholung ist jedoch auch ein proaktiver, selbst initiierter Prozess, um die psychologischen und physiologischen Ressourcen wiederherzustellen. Im Sport sind aktive Erholungsmaßnahmen wie Auslaufen, Ausschwimmen, Muskelentspannung und Dehnübungen als Abwärmaktivitäten (Cool-down) nach dem Training oder Wettkampf bekannt. Der Zweck solcher Übungen ist, Ermüdungszustände durch gezielte körperliche Aktivität zu eliminieren. Während des Cool-downs ist eine erhöhte Durchblutung der Muskulatur für eine erhöhte Ausschwemmung der Stoffwechselprodukte verantwortlich, z.B. wird Laktat nur geringfügig in der Muskulatur eingelagert, und Gase, die über das Blut transportiert werden, können schneller auf ein normales Niveau absinken.

In Erholungsperioden ist leichte körperliche Betätigung der absoluten Ruhe überlegen, da hierdurch eine höhere Blutströmungsgeschwindigkeit aufrechterhalten wird. So kann in kürzerer Zeit mehr Laktat aus den Muskeln abtransportiert werden. Auf einem niedrigeren Beanspruchungsniveau mit vollständiger Ruhe verläuft der Laktatabbau langsamer. Ist die Beanspruchung allerdings zu hoch gewählt, wird wiederum zusätzlich Laktat produziert (*Maglischo* 1993). Deshalb darf das gemeinsame Auslaufen der Mannschaft nicht zu einem internen Wettlauf ausarten.

Entspannungsverfahren

Eine weitere wesentliche Erholungsmaßnahme kann aktive Entspannung sein. Die Anwendung von Entspannungsverfahren (s. Kap. 4), z.B. progressiver Muskelentspannung oder autogenem Training, unterstützt und beschleunigt die körperliche und mentale Regeneration in Trainings- bzw. Wettkampfpausen. Daher wird die Effektivität eines Trainingslagers gesteigert, wenn z.B. jeden Abend ein Entspannungstraining auf dem Plan steht. Ebenso lässt sich die Leistungsfähigkeit bei mehrtägigen Wettkämpfen besser aufrechterhalten, wenn am Ende eines Wettkampftages Entspannungseinheiten durchgeführt werden.

Einflussfaktoren

Zeit

Neben der hochgradigen Individualität kommt hier ein weiterer wichtiger Aspekt von Erholung ins Spiel: Erholung braucht Zeit. Dabei hängt die Zeit, die für eine ausreichende Erholung benötigt wird, von den vorausgehenden Aktivitäten und der Dauer der Beanspruchung ab. Im Leistungssport benötigen Sportler in Phasen mit hohen Trainingsumfängen mehr Zeit für Erholung als in Phasen mit niedrigen Trainingsumfängen und/oder -intensitäten.

Situative Bedingungen

Ferner ist Erholung eng an situative Bedingungen gebunden. In einem Trainingslager ließ die Leistung eines Sportlers allein durch schlechte Schlafqualität nach. Diese war dadurch bedingt, dass sein Bett zu kurz und die Matratze zu weich war. Dieses Beispiel verdeutlicht die Auswirkungen situativer Bedingungen, welche Erholung beeinflussen (z.B. Schlaf, Qualität des Bettes, Kontakt zum Partner) sehr schön.

Im Leistungssport können die situativen Bedingungen eine besondere Rolle spielen, da Athleten im Leistungssport selten konstante Bedingungen vorfinden. Bei Wettkampfreisen oder Trainingslagern kommt es oft vor, dass der Zimmernachbar schnarcht oder ein Bett durchgelegen oder zu kurz ist. Dies kann bereits bei Nachwuchstalenten in einem Sportinternat der Fall sein. So fanden *Elbe* et al. (2004) deutlich niedrigere Erholungswerte bei den Schülern, die im Internat untergebracht waren, als bei denjenigen, die zu Hause wohnten. Zurückzuführen war dieser Unterschied vor allem auf niedrigere Schlafwerte der Internatsschüler, die alle in Doppelzimmern untergebracht waren.

Die Empfindlichkeit eines Individuums in Bezug auf störende Ereignisse hängt von dessen eigenen Erfahrungen ab. Trainer müssen sich solcher Umstände bewusst sein. Sie sollten ihre Sportler ermutigen, über Störungen in ihrer Umgebung zu sprechen. Der Trainer ist schließlich nicht regelmäßig anwesend, wenn der Zimmergenosse schnarcht. Des Weiteren können situative Umstände oft auf einfache Art und Weise geändert werden, wenn der Trainer von diesen Umständen früh genug erfährt. Hinweise auf derartige Probleme kann auch der Erholungs-Belastungs-Fragebogen von *Kellmann* und *Kallus* (2000) liefern, auf den näher eingegangen wird.

Wie kann man Erholung messen?

Erholung ist für die Praxis des Wettkampf- und Leistungssports sehr bedeutsam, wie hinlänglich belegt ist. Für die Praxis der Sportpsychologie ist eine wesentliche Frage, wie Erholung festgestellt bzw. gemessen werden kann. Es gab verschiedene Ansätze, um »Erholung« und auch den Gegenpol »Untererholung« bis zu »Übertraining« über physiologische Indikatoren zu messen. Dabei zeigte sich, dass psychologische Instrumente offenbar besser geeignet sind, um Erholung bzw. Untererholung zuverlässig festzustellen, als physiologische Verfahren (*Kellmann* 2002 b). Es gibt offensichtlich keine physiologischen Indikatoren, mit deren Hilfe ein sich anbahnender Zustand des »Übertrainings« sicher diagnostizierbar ist (*Kuipers* 1998). Ein weiterer Vorteil von Fragebögen ist, dass sie sehr ökonomisch sind, ohne großen Aufwand eingesetzt und schnell ausgewertet werden können. Dadurch ist die Information unmittelbar vorhanden.

Erholungs-Belastungs-Fragebogen

Als im Leistungssport zentrales Instrument zur Bestimmung des Erholungs-Belastungs-Zustandes hat sich der EBF-Sport (Erholungs-Belastungs-Fragebogen für Sportler; *Kellmann* u. *Kallus* 2000) etabliert, der eine aktuelle quantitative Aussage über die Erholungs- und Belastungsbilanz von Sportlern erlaubt. Mit über insgesamt 19 Subtests und 72 Items erfragt der EBF-Sport allgemeine und sportspezifische Aussagen, die ein Bild über den aktuellen Beanspruchungs- und Erholungszustand ergeben.

Diese Aussagen betreffen Gegebenheiten, die »in den letzten 3 Tagen/Nächten« stattgefunden haben. Der Athlet gibt auf jeweils siebenstufigen Häufigkeitsskalen an, wie oft das erfragte Ereignis in den letzten 3 Tagen/Nächten eingetreten ist. Ein Item lautet beispielsweise: In den letzen 3 Tagen/Nächten … konnte ich meine Arbeit nur schleppend erledigen: nie (0), selten (1), manchmal (2), mehrmals (3), oft (4), sehr oft (5), immerzu (6).

Der EBF-Sport besteht aus 12 allgemeinen sowie 7 sportspezifischen Erholungs- und Be-

anspruchungsskalen. Die einzelnen Skalen mit entsprechenden Beispielitems zeigt Tabelle 2. Der EBF-Sport kann in ca. 8–10 Minuten ausgefüllt werden. Die anschließende Auswertung des Fragebogens ist mit dem Softwareprogramm, das mit dem Fragebogen zusammen erworben wird, sehr einfach und nimmt weniger als 3 Minuten in Anspruch. Eine etwas kürzere Version, der EBF-52 Sport, ist ebenfalls verfügbar.

1	allgemeine Beanspruchung	… war ich betrübt
2	emotionale Beanspruchung	… war ich gereizt
3	soziale Beanspruchung	… habe ich mich über andere geärgert
4	Konflikte	… stand ich unter Leistungsdruck
5	Übermüdung	… war ich nach meiner Arbeit todmüde
6	Energielosigkeit	… konnte ich meine Arbeit nur schleppend erledigen
7	somatische Beanspruchung	… fühlte ich mich körperlich matt
8	Erfolg	… hatte ich Erfolg
9	soziale Erholung	… habe ich mich amüsiert
10	somatische Erholung	… fühlte ich mich ausgeglichen
11	allgemeine Erholung	… war ich zufrieden
12	Schlaf	… habe ich unruhig geschlafen
13	gestörte Pause	… wurde ich in den Pausen zu stark beansprucht
14	emotionale Erschöpfung	… hat mich mein Sport frustriert
15	Verletzungsanfälligkeit	… taten mir Teile meines Körpers weh
16	In-Form-Sein	… konnte ich mich körperlich gut erholen
17	persönliche Verwirklichung	… habe ich in meinem Sport viel Lohnendes erreicht
18	Selbstwirksamkeits-überzeugung	… war ich überzeugt, dass ich das gesteckte Ziel gut erreichen könnte
19	Selbstregulation	… habe ich mir für meine sportlichen Leistungen klare Ziele gesetzt

Tab. 2 Übersicht der einzelnen Skalen und Beispielitems des Erholungs-Belastungs-Fragebogens Sport (*Kellmann* u. *Kallus* 2000).

Erholungsverlaufsprotokoll

Der EBF erfasst den Zustand der Erholung und Beanspruchung zusammengefasst über die letzten 3 Tage und Nächte. Oft ist es für einen Trainer oder Sportpsychologen aber wichtig zu wissen, wie belastend oder erholend bestimmte Ereignisse waren. Das Erholungsverlaufsprotokoll von *Kellmann, Botterill* und *Wilson* (2002) wurde entwickelt, um dies zu erfassen.

Es besteht aus 7 Items, die die wichtigsten Fragen des EBF-Sport integrieren (Tab. 3). Ergänzend wurden Fragen zur Steuerung der Erholung eingebaut. Dieses Protokoll wird im Gegensatz zum EBF für genau festgelegte Zeitpunkte von den Athleten ausgefüllt. Sind Informationen bezüglich des Trainings in der Woche erwünscht, wird das Protokoll zum Ende der Woche ausgefüllt. Sind hingegen Informationen über das Wochenende relevant (z.B., ob sich der Athlet erholt hat), ist der Erhebungszeitpunkt für den Wochenanfang zu wählen.

Die gewonnenen Informationen sind für Athleten und Trainer gleichermaßen von Bedeutung. So ist anhand der dargestellten Kurve in Kombination mit persönlichen Gesprächen ein direkter und schneller Zugriff auf die Trainingssteuerung möglich.

Monitoring der Erholung und Beanspruchung

Ein Blick auf das Modell zur sportpsychologischen Betreuung von *Beckmann* in Abbildung 1 zeigt, dass die oberste Ebene einen Pfeil darstellt. Dieser Pfeil ist als zeitliches Kontinuum zu verstehen und soll verdeutlichen, dass der gesamte sportpsychologische Betreuungsprozess sinnvollerweise zusätzlich durch ein kontinuierliches Monitoring des Erholungs-Beanspruchungs-Zustandes zu ergänzen ist. Durch dieses regelmäßige Monitoring können Dysbalancen von Erholung und Beanspruchung rechtzeitig erkannt und ein Übertraining verhindert werden (*Kellmann* 2002 a). Das Risiko des Übertrainingssyndroms kann durch eine sorgfältige Trainingsperiodisierung reduziert, wenn nicht sogar eliminiert werden (*Norris* u. *Smith* 2002). Es gibt jedoch Unterschiede zwischen den Athleten im Hinblick darauf, wie gut und schnell sie sich erholen können, hinsichtlich der Ausdauerkapazität, der Stresstoleranz und des Umgangs mit trainings- und wettkampfbedingten sowie sonstigen Stressoren (*Leh-*

1. Wie viel Anstrengung war gestern erforderlich, um mein Training durchzuführen?

2. Wie erholt habe ich mich gestern vor dem Training gefühlt?

3. Wie erfolgreich waren gestern meine Pausen und Erholungsaktivitäten?

4. Wie gut habe ich mich gestern körperlich erholt?

5. Wie zufrieden und entspannt bin ich gestern eingeschlafen?

6. Wie häufig habe ich mich gestern amüsiert?

7. Wie überzeugt war ich gestern, dass ich meine Ziele während der sportlichen Leistung erreichen konnte?

Tab. 3 Fragestellungen des Erholungsverlaufsprotokolls (*Kellmann* 2002 b).

mann et al. 1993). Daher ist es wichtig, individuell und regelmäßig das Befinden von Athleten zu erfassen und dabei die Veränderungen im Auge zu behalten. Es wird empfohlen, Beanspruchung und Erholung während des Trainingsprozesses zu erheben und an Trainer und Athleten rückzumelden. Dadurch wird es möglich, frühzeitig zu erkennen, dass ein Athlet gefährdet ist, und dieser Gefahr durch die Trainingssteuerung und psychologische Maßnahmen entgegen zu wirken (*Kellmann* 2002 b).

Vorteile für den Sportler

> **Praxisbeispiel: Erholungsprobleme**
>
> Bei einer von einem Sportpsychologen betreuten Athletin war plötzlich ein deutlicher Rückgang der Erholungswerte zu verzeichnen, der sich nicht über die Trainingsgestaltung erklären ließ. In einem Gespräch mit der Sportlerin stellte sich heraus, dass die Universität, an der sie studierte, bestreikt wurde und daher alle Lehrveranstaltungen ausfielen. Für sie war das Studium ein Ausgleich zum sportlichen Training, da sie dabei abschalten konnte. Als dieser Ausgleich plötzlich wegfiel, fielen die Erholungswerte der Athletin ab. Dies konnte durch das Monitoring erkannt und sofort interveniert werden. Der Trainingsplan wurde in Absprache mit dem Trainer umgestellt, bis sich die Erholungswerte der Athletin normalisiert hatten.

Es liegt auf der Hand, dass die Erfassung des Erholungs-Beanspruchungs-Zustandes und seiner Veränderung auch während eines Trainingslagers sowohl für den Trainer als auch den Sportpsychologen wichtige Informationen liefert. Das Profil in Abbildung 14 zeigt ein Monitoring mit dem EBF-Sport während eines Trainingslagers für Radsportler (*Kat-*

schemba 2003). Der Radsportler wurde zu Beginn und erneut während des Trainingslagers befragt. Anhand der Darstellung des Messzeitpunktes 1 (dicke Linie) ist erkennbar, dass der Sportler mit sehr niedrigen Erholungs- und sehr hohen Beanspruchungswerten in das Trainingslager gefahren war. Generell wird davon ausgegangen, dass bei einem ausgeglichenen Erholungs-Belastungs-Zustand die Erholungswerte über dem Wert 4 und die Beanspruchungswerte unter dem Wert 2 liegen sollen.

Besonders interessant an diesem Fall ist, dass der Radsportler das Trainingslager bereits mit hohen Werten der »Übermüdung« und »somatischen Beanspruchung« begann; auch sein Schlafwert war auffällig niedrig. Während des Trainingslagers veränderten sich bei diesem Sportler nun die trainingsspezifischen Werte auffällig. Am Ende des Trainingslagers (dünne Linie) waren im Besonderen die Werte der Bereiche »soziale Beanspruchung«, »Übermüdung« und »Energielosigkeit« noch weiter angestiegen. Die Werte für »Schlaf« und »Erfolg« fielen im Verlauf des Trainingslagers weiter ab. Ein Anstieg der Parameter ist jedoch bei »Selbstregulation« und »Selbstwirksamkeitsüberzeugung« zu erkennen.

Zusammenfassend lässt sich feststellen, dass das Trainingslager physisch für diesen Sportler nicht sonderlich Erfolg bringend war. Im Anschluss an das Trainingslager konnte er auch nicht die erwartete sportliche Leistung erbringen. Wären dem Trainer die Erholungs-Beanspruchungs-Werte gleich zu Beginn des Trainingslagers bekannt gewesen, hätte er die Trainingsumfänge am Anfang des Trainingslagers reduzieren und dem Sportler mehr Zeit für Erholung geben können. Ferner hätte man gleich zu Beginn abklären können, woran die niedrigen Schlafwerte liegen und was dage-

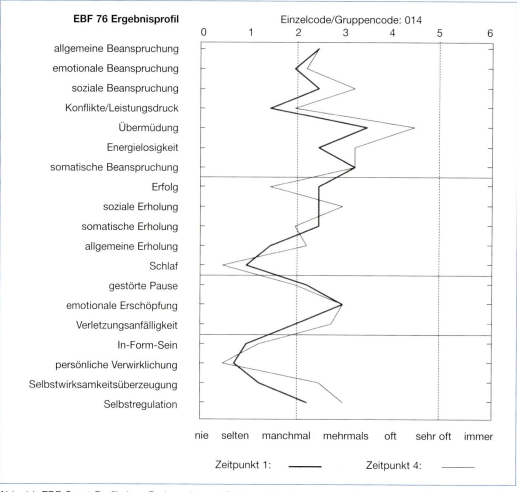

Abb. 14 EBF-Sport-Profil eines Radsportlers zu Beginn und während eines Trainingslagers (*Katschemba* 2003, S. 43).

gen getan werden kann. In dieser Studie erfolgte dies nicht, da es sich um eine reine Forschungs- und keine Interventionsstudie handelte. Die Erkenntnisse wurden aber für die weitere Trainingssteuerung genutzt.

Vorteile für den Trainer

Es gibt weitere Vorteile für das Monitoring, von denen Trainer direkt profitieren können. *Kellmann* und *Beckmann* (2003) schildern dabei das folgende Beispiel.

Praxisbeispiel: Entscheidung über den Einsatz einer Ersatzruderin

In einem Fall fiel die Schlagfrau im Vierer aufgrund einer Erkrankung kurz vor der Junioren-Weltmeisterschaft aus. Der Trainer musste entscheiden, welche Ersatzfrau er wählen und wie er die anderen Ruderinnen im Boot positionieren sollte. Der Trainer wollte die Ersatzruderin direkt an den Schlag setzen, weil er glaubte, dass sie alle notwendigen Voraussetzungen dafür hatte. Die Frage des Trainers, ob diese Entscheidung falsch war, konnte mithilfe der erhobenen Daten mit einem klaren Nein beantwortet werden. Im Trainingslager wies die Ersatzruderin im Vergleich zu den anderen Ersatzruderinnen eine stabile Erholungs-Belastungs-Bilanz auf und dies besonders auf den Skalen »Selbstregulation« und »Selbstvertrauen«. Sie war daher geeignet, die Verantwortung zu übernehmen. In diesem Fall konnte man die Entscheidung des Trainers als korrekt bewerten, indem man seine Wahl vor dem Hintergrund einer breiteren Datenbasis auswertetc.

Wie das Beispiel zeigt, können der Sportpsychologe und das regelmäßige Monitoring für den Trainer auch eine wichtige »Rückhaltfunktion« haben. Oft kann die psychologische Erhebung dem Trainer Vertrauen in die bereits von ihm getroffenen Entscheidungen geben.

Untererholung und Übertraining als Folge mangelnder Erholung

Wenn Sportler die von ihnen erwarteten Leistungen nicht zeigen können oder sogar einen Leistungsrückgang erleben, wird oft Burnout oder Übertraining als Ursache dafür genannt. Dabei wird Übertraining als ein Ungleichgewicht zwischen Trainingsbelastung und Erholung (*Kuipers* u. *Keizer* 1988) bzw. ein Ungleichgewicht von Stress und Erholung beschrieben (*Lehmann* et al. 1999). Stress erleben kann einerseits auf das Training zurückzuführen sein, aber auch Stressoren außerhalb des Trainings mit einschließen, z.B. das Privat- und/oder Berufsleben, und insbesondere natürlich Wettkämpfe. Wie komplex die Feinabstimmung eines Trainingsprozesses ist, zeigt sich bei der Betrachtung von sportbedingten und außerhalb des Sports liegenden Faktoren, wie dem Training (z.B. Umfang,

Intensität, Techniktraining), dem Lebensstil (z.B. Schlaf, Ernährung, Freizeitaktivitäten), dem Gesundheitszustand (z.B. Erkältung, Infektionen) oder der Umwelt (z.B. Familie, Teamkameraden, Schule/Uni/Beruf). Folglich sollten Trainer und Athleten die Bedeutsamkeit der Integration von Erholungsprozessen sowohl im sportlichen als auch im nichtsportlichen Leben kennen und berücksichtigen.

Der Verdacht auf ein Übertraining besteht, wenn sich beim Athleten längerfristig ein Ermüdungszustand findet, der sich durch eine normale Erholung nicht mehr beseitigen lässt. Der Zustand des Übertrainings ist nicht mit einer vorübergehenden Ermüdung nach harten Trainingseinheiten zu verwechseln. Man sollte von einem Übertraining erst dann ausgehen, wenn trotz Regeneration ein mindestens 2 Wochen anhaltender Leistungsabfall ohne nachweisbare organisch krankhafte Ursache zu registrieren ist (*Urhausen* u. *Kindermann* 2002). Übertraining tritt erst auf, wenn viele (zu) harte Einheiten bei unzureichender Erholung durchgeführt werden. Die Wiederherstellung nach einem Übertraining kann mehrere Wochen oder auch Monate andauern (*Meeusen* et al. 2006).

Ursachen

Die Ursachen für ein Übertraining sind vielfältig. *Norris* und *Smith* (2002) machen in erster Linie Fehler in der Trainingsplangestaltung verantwortlich, die zum Entstehen von Erholungsdefiziten führen.

Symptome

In der Phase des Übertrainings befinden sich die Athleten auf einem chronischen Leistungsplateau, das durch kurzfristige Ruhephasen nicht positiv beeinflussbar ist. Beim

Risikofaktoren der Trainings- und Wettkampfplanung im Hinblick auf Übertraining

- monotone Trainingsgestaltung, die durch zu einseitige Trainingsmethoden und -inhalte hervorgerufen wird
- mehr als 3 Stunden Training pro Tag
- zu schnelle Steigerung der Trainingsintensität (z.B. eine mehr als 30%ige Zunahme des Trainingsumfangs pro Woche)
- keine Periodisierung des Trainings bzw. keine Erholungswochen nach 2–3 Wochen Training
- keine Ruhetage
- keine Abwechslung zwischen härteren und eher leichteren Trainingstagen
- häufige Wettkämpfe mit unzureichenden Erholungsintervallen

Auftreten von Leistungsplateaus zeigen Sportler häufig verstärkten Einsatz und steigern die Trainingsbelastung (*Counsilman* 1971), anstatt im Fall des Übertrainingszustandes mit Erholung zu reagieren. Dies führt zu einem zunehmenden Erholungsdefizit (*Kellmann* u. *Kallus* 2000). Weitere Symptome sind Befindlichkeitsstörungen, Schlafstörungen, Appetitlosigkeit, Gewichtsverlust und Abnahme von Körperfett, reduzierte Libido, chronische Muskelverspannungen bzw. -schmerzen und Trägheit, Veränderungen im Hormonspiegel, gehäuftes Auftreten von Erkältungs- und Atemwegserkrankungen, steigende Anzeichen von Krankheiten und Verletzungen, dem Normalzustand entgegengesetzte Erhöhung des Ruhepulses sowie depressionsähnliche Symptome.

Ein wichtiger klinischer Indikator des Übertrainingssyndroms ist die gesteigerte Emp-

fänglichkeit für Infektionen (vor allem der Atemwegserkrankungen), was auf ein geschwächtes Immunsystem hinweist (zusammenfassend *Kellmann* 2002 a). Ferner kreisen die Gedanken von Athleten mit Übertraining verstärkt darum, das Training abzubrechen, bzw. sie verspüren beim Training große Unlust.

Intervention

Wie bereits ausgeführt, ist Erholung im sportlichen und nichtsportlichen Kontext eine entscheidende Komponente, um die Leistungsfähigkeit einer Person wiederherzustellen und/oder aufrechtzuerhalten. Sie ist die zentrale Komponente, um dem Beanspruchungszustand einer Person positiv zu begegnen sowie Burnout und Übertraining vorzubeugen. Im Trainingsalltag wird das Prinzip »weniger ist mehr« oft ignoriert. Zur Optimierung der Trainingsgestaltung sollte der Fokus jedoch mehr auf die Qualität und weniger auf die Quantität des Trainings gerichtet sein.

In seiner *leichten Form* führt das Übertraining zu einer Stagnation im Trainingsprozess, die vergleichsweise leicht in den Griff zu bekommen ist. Beim leichten Übertraining sollte der Zustand innerhalb von 5–10 Tagen ins Positive kippen. Der Sportler muss selbst spüren, wie die Lust am Training wieder zurückkehrt. Mit der Lust kommen auch die Leistungsfähigkeit und die Frische wieder.

Im *fortgeschrittenen Stadium* des Übertrainings jedoch kann es zu einer Leistungseinschränkung von mehreren Monaten bis zu einem Jahr kommen.

Eine direkte Therapie eines Übertrainings gibt es nicht. Die einzige Möglichkeit ist, die Trainingsintensität und den -umfang deutlich

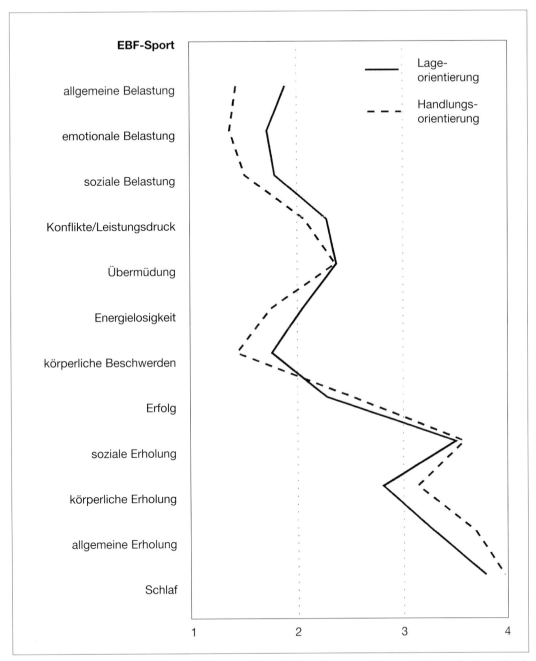

Abb. 15 Unterschiede in Erholung und Beanspruchung bei handlungs- und lageorientierten Ruderern (nach *Beckmann* u. *Kellmann* 2004).

zu reduzieren, eventuell bis hin zu einer kompletten Trainingspause. Weiterhin sollten Wettkämpfe abgesagt und Stress vermieden werden. Der Sportler sollte auf ausreichend Ruhe und Schlaf achten und sich auch verstärkt um Ablenkung und sozialen Ausgleich bemühen.

Je eher ein Übertraining als solches erkannt wird, desto besser stehen die Chancen, seine Auswirkungen in den Griff zu bekommen.

Erholung, Beanspruchung und Persönlichkeitsfaktoren

Abschließend sei noch darauf hingewiesen, dass nicht alle Sportler gleichermaßen für ein Ungleichgewicht von Beanspruchung und Erholung (und damit in letzter Konsequenz »Übertraining«) anfällig sind. Erfahrene Trainer wissen, dass manche Sportler viel mehr verkraften als andere. Dies wird auch durch die wissenschaftliche Forschung belegt. Dabei spielen Persönlichkeitsfaktoren eine Rolle. Diese lassen sich durch eine systematische und gezielte Diagnostik ermitteln.

Wie Abbildung 15 zeigt, scheinen Sportler mit einer *Disposition zu Lageorientierung* – die also dazu neigen, über eine vergangene, gegenwärtige oder zukünftige Lage nachzugrübeln (*Kuhl* 1983, s. auch Kap. 2) – für höhere Beanspruchungs- und niedrigere Erholungswerte anfällig zu sein (*Beckmann* u. *Kellmann* 2004).

Die Anfälligkeit der Lageorientierung für ein Beanspruchungs-Erholungs-Ungleichgewicht wird dabei offensichtlich durch ein Manko an geeigneten Selbstregulationsstrategien vermittelt. So findet sich bei Lageorientierung oft eine starke Selbstkontrolle mit Selbstdisziplinierung, Motivierung über negative An-

reize, Vermeidungsverhalten (*Beckmann* u. *Kellmann* 2004). Diese Selbstkontrolle oder Selbstdisziplin kann aber zu unzureichender Stressverarbeitung und fortwirkender erhöhter Beanspruchung führen. Beim Gegenpol von Lageorientierung, der Handlungsorientierung, findet sich hingegen eine effektive Selbstregulation, die Erholung unterstützt: Selbstbestimmung, positive Selbstmotivation, Emotionskontrolle, Selbstentspannung. Eine Konsequenz aus diesen Befunden ist, dass bei der Diagnose »Lageorientierung« eine ungünstige Entwicklung der Erholungs-Beanspruchungs-Bilanz zu erwarten ist.

Die Schlussfolgerung aus diesen Befunden ist: Ein regelmäßiges Monitoring über den EBF ist besonders bei lageorientierten Athleten notwendig. Für sie müssen die Trainingsbelastungen besonders sensibel gestaltet werden. In Ergänzung zur Diagnose der Lageorientierung sollten die Selbstregulationsfähigkeiten über den VCQ-Fragebogen (s. Kap. 2) erfasst werden. Darüber kann man die spezifischen Selbstregulationsdefizite der Lageorientierten erkennen. In der Folge kann der Sportpsychologe mit den Athleten geeignete Selbstregulationsstrategien entwickeln, um die erlebte Beanspruchung zu reduzieren und die Erholung zu optimieren. Dazu gehören die Stärkung der Wahrnehmung von Selbstbestimmung und volitionalem Selbstvertrauen (Selbstwirksamkeit), die Verbesserung der Fähigkeit zu einer positiven Selbstmotivierung sowie die Entwicklung von Initiative.

Weiterführende Literatur

Kellmann, M. (ed., 2002). Enhancing recovery. Preventing underperformance. Champaign, IL: Human Kinetics.

7 Krisenintervention

Einleitung

In diesem Kapitel wird die dritte Ebene des Modells zur systematischen sportpsychologischen Betreuung erläutert. Anders als bei den ersten beiden Ebenen – dem Grundlagen- und Fertigkeitstraining, die systematischer und kontinuierlicher Natur sind – ist der Zeitpunkt für eine Krisenintervention nicht planbar und nicht vorhersehbar. Einerseits steht eine Krisenintervention oft am Anfang der Zusammenarbeit eines Sportpsychologen mit einem Athleten oder einer Mannschaft, wenn sie beispielsweise den Anlass für die Kontaktaufnahme liefert. Andererseits kommt es bei manchen Betreuungsverhältnissen, bei denen am Anfang mentale Trainingsaspekte im Vordergrund standen, erst im Verlauf zu einer Krisenintervention. Teilweise wird eine Krisenintervention auch gar nicht zum Thema.

Eine sportliche Krise kann zu einem problematischen Wendepunkt in der Karriere eines Athleten werden. Hier bedarf es einer sportpsychologischen Unterstützung, um die Situation bzw. das Problem zu lösen. Leider wird das Potenzial bislang bei weitem nicht ausgeschöpft. Die Athleten fühlen sich oft mit ihren Problemen allein gelassen und sind es de facto auch.

Eine Krisenintervention kann sich auch auf Problemfelder beziehen, die den Kompetenzbereich der meisten nicht klinisch ausgebildeten Sportpsychologen übersteigen, wie beispielsweise Depressionen, Ess-Störungen, Flugangst, psychosomatische oder auch Persönlichkeitsstörungen. In diesen Fällen ist eine Weiterleitung an einen psychologischen Psychotherapeuten, Arzt oder Ernährungswissenschaftler unabdingbar. Idealerweise wird hier in einem Betreuungsteam gearbeitet.

An erster Stelle der Krisenverursacher stehen, nicht nur im Bereich des Wettkampsports, Kommunikationsstörungen und Konflikte. Daher werden zunächst diese Felder behandelt. Hierbei steht der Interventionsaspekt im Vordergrund, also die Frage, wie diese Probleme verhindert werden können, um dem Entstehen von daraus resultierenden Krisen entgegenwirken zu können. Im zweiten Teil des Kapitels wird auf die Sportverletzung eingegangen, eine Krise, die manchmal zum Karriereende führt. Hier können Sportpsychologen auf vielfältige Weise intervenieren. Abschließend werden im dritten Teil Krisen beschrieben, die meist den Kompetenzbereich des Sportpsychologen übersteigen und die Hinzunahme weiterer Experten erforderlich machen. Da dies nicht unmittelbar Gegenstand der Praxis der Sportpsychologie im Wettkampf- und Leistungssport ist, werden in diesem Zusammenhang nur Ursachen und Diagnose beschrieben

Kommunikationsstörungen

Was ist Kommunikation?

Kommunikation ist in nahezu allen Bereichen des menschlichen Lebens zentral. Da Sportler in der Entwicklung ihrer Leistungsfähigkeit mit einer Reihe von Personen kommunizieren müssen, ist Kommunikation ein wichtiges Thema bei der Optimierung sportlicher Leistungsvoraussetzungen. Hierbei steht natürlich die Kommunikation mit dem Trainer an erster Stelle. Kann der Trainer den Athleten im Trainingsprozess verständlich machen, was er von ihnen erwartet, was er z.B. an ihrer Technik verändern möchte und warum er dies möchte? Fühlen sich die Athleten vom Trainer verstanden? Ein klassisches Beispiel ist auch, was der Trainer einer Mannschaft in der Halbzeitpause sagt. Natürlich ist auch ganz wesentlich, »wie« der Trainer in dieser Situation kommuniziert. Selbst in der unmittelbaren Wettkampfsituation, in der Athlet und Trainer eventuell gar nicht miteinander reden können, kann die Kommunikation zwischen beiden über andere Signale entscheidend sein. An diesem Beispiel wird auch deutlich, dass Kommunikation nicht nur durch das gesprochene Wort, sondern auch *nichtverbal*, d.h. durch Körpersprache und Mimik, erfolgen kann (vgl. »Embodiment« in Kap. 5).

Kommunikation ist nach dem technischen Verständnis der Informationstheorie ein Prozess, bei dem ein Sender einem Empfänger Informationen übermittelt. Die Informationen müssen dazu vom Sender in ein Medium, z.B. die Sprache, umgesetzt (enkodiert) werden. Der Empfänger muss in der Lage sein, diese Botschaft zu entschlüsseln (dekodieren). Allerdings kann sich eine große Diskrepanz ergeben zwischen dem, was der Sender übermitteln wollte, und dem, was der Empfänger entschlüsselt. Für das Handeln des Empfängers ist entscheidend, wie er die Botschaft versteht. Dies muss aber nicht unbedingt mit dem übereinstimmen, was der Sender im Sinn hatte.

Interner Code

Erste Voraussetzung für das richtige Verstehen einer Botschaft ist, dass man »dieselbe Sprache spricht«. Das bedeutet zum Beispiel: Wenn der Skitrainer zum Slalomläufer sagt, »du musst das Tor höher anfahren«, dass dieser versteht, er soll seine Kurve höher über der Torstange einleiten und nicht, dass er das Tor in einer höheren Körperposition anfahren soll. Dasselbe gilt auch für Zeichensprache. Wenn beispielsweise ein Tauchanfänger durch den nach oben zeigenden Daumen anzeigen will, dass alles in Ordnung ist, wird er zu seiner Überraschung erleben, dass der Tauchlehrer mit ihm auftaucht. Wie wichtig eine Klärung des Verständnisses von Worten oder Zeichen ist, wird ersichtlich, wenn Trainer, die zuvor in das Training einer Mannschaft nicht einbezogen waren, zu einem Wettkampf kommen und sich an der Betreuung der Athleten beteiligen wollen. Gut gemeinte Tipps werden dann unter Umständen falsch verstanden.

Fazit ist, dass man sich das gleiche Verständnis von Sprache und Zeichen erarbeiten muss und in Wettkampfsituationen sich nur diejenigen an der Kommunikation beteiligen sollten, die den »internen Code« beherrschen.

Wenn der Sportpsychologe in ein Trainerteam einbezogen wird, sollte auch er diesen internen Code beherrschen. Er muss nicht unbedingt Experte in der jeweiligen Sportart sein, sollte aber in der Phase der Vertrauensbildung bemüht sein, den Code zu lernen, bevor er sich zu sportartspezifischen Dingen äußert. So wird die Akzeptanz leiden, wenn ein Sportpsychologe beispielsweise vor Profigolfern die »Driving Range« als »Ranch« bezeichnet oder bei einem Schlag über dem Lochnormwert (»Par« genannt) von einem »Boogie« statt korrekt von einem »Bogey« spricht.

4-Ohren-Modell, Kommunikationsbarrieren

Fälschlicherweise gehen Menschen in ihrer sprachlichen Kommunikation in der Regel davon aus, dass sie in erster Linie sachliche Informationen übermitteln. Der Kommunikationswissenschaftler *Schulz von Thun* (1997) weist jedoch darauf hin, dass ein Empfänger sensibel für 4 Aspekte einer Nachricht ist. Deshalb nennt man sein Kommunikationsmodell auch das *»4-Ohren-Modell«*. Danach enthält eine verbale Nachricht folgende Inhalte:
• Sachinhalt,
• Selbstoffenbarung des Senders,
• Appell des Senders an den Empfänger,
• Aussage des Senders über seine Beziehung zum Empfänger.

Dieses Modell veranschaulicht auch, warum beim Übermitteln einer Botschaft so viel schief gehen und wie es zu Kommunikationsstörungen kommen kann. Besonders wenn man sich zu stark auf den Appell oder den vermeintlichen Beziehungsaspekt einer Nachricht konzentriert und dabei den Sachinhalt einer Nachricht unberücksichtigt lässt, kann es zu Kommunikationsstörungen kommen.

Im Leistungssport kommt hinzu, dass es viele Rahmenbedingungen gibt, die für eine gute Kommunikation sehr ungünstig sind. Zu diesen *Kommunikationsbarrieren* gehören nicht nur die üblichen wie Zeitdruck, Stress, selektive Wahrnehmung oder eine negative Einstellung der Zuhörer. Oft gibt es auch sprachliche Barrieren, z.B. bei Spielern in einer Mannschaft oder Trainern mit unterschiedlicher Nationalität. Zu diesen mannschaftsinternen Barrieren kommen externalen Faktoren hinzu. Dazu zählen Zuschauer, Schiedsrichter, Gegner und Lärm. Auch die exter-

nalen Faktoren können sich problematisch auf den Kommunikationsprozess zwischen Trainer und Athlet auswirken (*Laios* 2005).

Grundlagen einer effektiven Kommunikation

Leider fehlt oft das Bewusstsein für die Bedeutung der Kommunikation. Nach einer Untersuchung von *Haselwood* et al. (2005) schätzen Trainer ihre Kommunikationskompetenz höher ein, als sie von ihren Sportlern wahrgenommen wird. So gab es in einer vom Erstautor betreuten Mannschaft das Problem, dass sich einer der Leistungsträger vom Trainer nicht richtig verstanden fühlte. Der Trainer selbst war der Meinung, dass er mit diesem Athleten nicht reden könne. Grundlage des Problems war zunächst, dass er eine andere Vorstellung von der Persönlichkeit eines Athleten in seinem Sport hatte, als sie dieser Athlet aufwies. Deshalb konnte er ihn nicht vollends akzeptieren und sich auf ihn einlassen. Dies war in der Kommunikation auch für den Athleten zu spüren. Ein erster Schritt in der Verbesserung der Kommunikation lag darin, dass der Trainer lernte, mit der Grundorientierung der Transaktionsanalyse (*Berne* 2004) Gespräche zu führen. Diese Grundorientierung lautet: »Ich bin okay, du bist okay«. Die darin zum Ausdruck gebrachte Akzeptierung der eigenen Position sowie der des Gesprächspartners verändert das Klima der Kommunikation von vornherein.
Wie dieses Beispiel zeigt, ist es im Rahmen von Betreuungsmaßnahmen außerordentlich sinnvoll, mit dem Trainer die Grundlagen einer effektiven Kommunikation zu besprechen und ihm Tipps für die Kommunikation zu vermitteln. Folgende Hinweise können den Kommunikationsprozess unterstützen und eine offene und ehrliche Kommunikation erzeugen.

Leitlinien für »gute« Kommunikation

- Grundorientierung: »Ich bin okay, du bist okay«
- authentisch sein und Gefühle zeigen
- alle vier Aspekte einer Nachricht berücksichtigen
- nachfragen, ob alles verstanden wurde
- dem Gegenüber die Chance geben, Fragen zu stellen oder Anmerkungen zu machen
- sich in die Position des anderen versetzen und ggf. auch seine Äußerungen paraphrasieren (in eigene Worte fassen)
- sich klar ausdrücken (Abb. 16)
- darauf achten, dass das gesprochene Wort und die Körpersprache übereinstimmen

Zu einer effektiven Kommunikation gehört aber auch, dass man nicht nur alles generell positiv darstellt, sondern bei Bedarf auch kritische Worte ausspricht. *Smith* et al. (1979) schlagen für das Übermitteln von Kritik den »Sandwich Approach« oder »Feedback-Burger« vor. Hierbei wird die kritische Botschaft zwischen einer positiven Aussage und einem abschließenden Kompliment verpackt. Ein Beispiel aus dem Golf soll dies verdeutlichen. Der Spieler hat Probleme damit, dass sein Ball immer eine Kurve von links nach rechts macht (so genannter »Slice«). Nach verändertem Greifen des Schlägers schlägt er zwar ziemlich gerade, aber nicht sehr weit. Der Trainer sagt zu ihm: »Na also, du kannst ja doch einen schönen geraden Ball spielen. Wenn du jetzt noch die Hüfte früher nach

Abb. 16 Klare Kommunikation zwischen Athleten und Trainer ist eine wichtige Leistungsvoraussetzung.

vorne und dann die Arme wie beim Schlagen einer Peitsche nach vorne bringst, wird der Ball auch noch richtig lang werden. Da du ein tolles Bewegungsgefühl hast, wirst du das sicher schnell draufhaben.«

Mithilfe des »Feedback-Burgers« wird Kritik besser verdaulich. Der Athlet geht nicht in Abwehrhaltung und ist eher bereit, die Kritik zu akzeptieren und sein Verhalten zu ändern. Mittels solcher Kommunikationskompetenzen lassen sich Missverständnisse und dadurch bedingte Konflikte vermeiden. Die Ursachen von Konflikten liegen jedoch nicht ausschließlich in »schlechter« Kommunikation. Das ist Thema des nächsten Abschnitts.

Konflikte

Konflikte entstehen, wenn unvereinbare Handlungstendenzen aufeinander stoßen. Die Ursachen hierfür sind im Leistungssport vielfältig. Sie können, wie vorangehend bereits dargestellt, aus einer mangelhaften Kommunikation resultieren, ferner können Stress, Zeitdruck oder Frustration über einen Misserfolg Konflikte schüren. Auch eine unzureichende Gruppenkohäsion, ein schlechtes Klima in einer Mannschaft oder die Ausgrenzung von Mannschaftsmitgliedern können Konflikte verursachen.

Ein Konflikt kann unterschiedlich ausgehen. Man kann folgende Perspektiven unterscheiden:

* »ich gewinne, du verlierst«,
* »du gewinnst, ich verliere«,
* »jeder gewinnt«.

Die meisten Menschen gehen mit einer dieser Orientierungen in einen Konflikt hinein. Zu präferieren ist immer die Jeder-gewinnt-Perspektive, die auch als eine Win-win-Situation bezeichnet wird (vgl. *Glasl* 1994). Bei dieser

Perspektive oder Konfliktorientierung können alle am Konflikt beteiligten Parteien als Gewinner aus dem Konflikt hervorgehen, keiner verliert sein Gesicht, keiner muss mehr Zugeständnisse als die andere Seite machen. Die beste Möglichkeit für Win-win-Ergebnisse ist die Zusammenarbeit, weil hier beide Seiten ihre Position voll einbringen und ein Ergebnis erarbeiten können.

Man muss sich darüber im Klaren sein, dass ungelöste Konflikte die Tendenz haben zu eskalieren. Wichtig für den Erfolg und das Erzielen einer Win-win-Situation ist daher eine möglichst frühzeitige Intervention. *Glasl* (1994) beschreibt 9 Stufen in seinem Modell der Konflikteskalation. Je weiter fortgeschritten der Konflikt ist, desto umfangreichere Interventionen sind erforderlich. Wird der Konflikt nicht rechtzeitig gelöst, besteht die Gefahr, dass keine Lösung erzielt wird und alle gemeinsam auf den Abgrund zusteuern. Nur auf den ersten 3 Stufen ist überhaupt noch eine Win-win-Konfliktlösung möglich.

Konfliktlösung

Als Vorgehensweise für die Konfliktlösung hat sich eine bestimmte *Gesprächsform* als hilfreich erwiesen. In diesem Gespräch geht es zunächst darum, das Problem möglichst neutral zu beschreiben und mögliche Lösungsvorschläge zu sammeln. Diese Lösungsvorschläge sollten dann von den Beteiligten bewertet werden, so dass eine gemeinsame Entscheidung für die beste Lösung getroffen werden kann. Ferner sollten die Richtlinien bzw. Regeln für die Realisierung der Lösung (schriftlich) festgehalten werden. Eine weitere Methode der Konfliktlösung besteht darin, *praktische Regelungen* zu schaffen, beispielsweise klare Absprachen bezüglich bestimmter Handlungen zu treffen (z.B. Pünktlichkeit, Abwesenheit vom Training;

vgl. *Linz* 2004). Wenn Konflikte dadurch entstehen, dass die Mannschaft sich nicht als eine Einheit betrachtet oder sich Untergruppen gebildet haben, müssen Gemeinsamkeiten erarbeitet werden. Hierzu können die in Kapitel 4 beschriebenen Teambuilding-Maßnahmen herangezogen werden.

Eine weitere Technik, die zur Konfliktreduktion herangezogen wird, ist die *Konfrontation*. Diese Technik wird durch das folgende Fallbeispiel verdeutlicht.

> **Praxisbeispiel: Konflikt im Boot**
>
> In einer Rudermannschaft waren das Gruppenklima und das Zusammengehörigkeitsgefühl (Kohäsion) gestört. Das Training verlief nicht erfolgreich, die Stimmung wurde schlechter und Streitigkeiten häuften sich. Dies wirkte sich wiederum nachteilig auf die Leistung in der nächsten Trainingseinheit aus. Aufgabe des Sportpsychologen war es zunächst herauszufinden, warum es mit dem Zusammengehörigkeitsgefühl nicht stimmte. Gespräche mit den Mannschaftsmitgliedern und eine Verhaltensbeobachtung zeigten, dass die Ursache im Verhalten des Schlagruderers lag. Mit seinem Verhalten verärgerte er die anderen. Diese reagierten darauf, indem sie ihn nicht mehr unterstützten. Mit anderen Worten, sie folgten nicht mehr seiner Frequenzvorgabe. Das Boot glitt nicht sanft durch das Wasser, was sich in nachlassender Leistung äußerte. Während einer Mannschaftsbesprechung wurde unter Aufsicht des Sportpsychologen ein kontrollierter Konflikt initiiert. Bei der Sitzung wurde eine Atmosphäre erzeugt, die alle Ruderer zwang, sich zu dem gegenwärtigen Problem zu äußern. Während dieser interaktiven Besprechung wurden sie zwar nicht zu Freunden, danach konnten sie aber wieder auf das gemeinsame Ziel konzentrieren.

Die Strategie der Konfrontation ist jedoch nicht immer von Erfolg gekrönt und kann auch »nach hinten« losgehen. So können während der Konfrontation viel tiefer liegende Probleme zum Vorschein kommen, von deren Existenz keiner geahnt hatte. Eine gründliche Diagnose ist also eine wichtige Voraussetzung für den Einsatz der Konfrontationstechnik. Wichtig ist auch, dass die Technik gezielt und nicht zu oft eingesetzt wird. Setzt man sie zu oft ein, lassen sich die Teammitglieder nicht mehr voll darauf ein, und die Technik verliert ihre Effektivität.

Beim Einsatz der Konfrontationstechnik ist auch auf die Einhaltung bestimmter Rahmenbedingungen zu achten. Der Zeitpunkt muss richtig gewählt werden, z.B. nicht unmittelbar nach einem verlorenen Spiel. Es darf aber auch nicht zu viel Zeit vergangen sein. Man sollte einen Raum zur Verfügung haben, in dem man sich ungestört austauschen kann und der auch groß genug ist, dass sich alle sehen können. Natürlich kann ein Konfrontationsgespräch nur dann funktionieren, wenn tatsächlich alle Betroffenen anwesend sind und nicht ein Großteil der Mannschaft fehlt.

Psychologisches Aufbautraining nach Verletzungen

Nach Erfahrung der Autoren ist die Verletzung die am häufigsten auftretende sportliche Krise, die zudem mit sehr großer Wahrscheinlichkeit jeden Athleten irgendwann im Lauf seiner Karriere treffen wird. Untersuchungen zur Häufigkeit von Sportverletzungen zeigen, dass es beispielsweise im Wettkampfturnen jährliche Verletzungsraten von 70–80 % gibt (*Kerr* u. *Minden* 1988). Finnische und britische Studien über Spitzenfußballspieler berichten von Verletzungsraten zwischen 65 und 91 % (*Lewin* 1989, *Lüthje* et al. 1996).

Leddy et al. (1994) zeigen, dass verletzte Sportler direkt nach ihrer Verletzung und auch 2 Monate danach höhere Werte bezüglich Depressivität und Ängstlichkeit haben und zusätzlich ein niedrigeres Selbstbewusstsein als gesunde Sportler aufweisen. Die Autoren resümieren, dass die emotionalen Belastungen nach einer Verletzung sehr hoch sein und eine psychologische Intervention erfordern können.

Die Sportverletzung ist eine Form der Krise, bei der sportpsychologisches Training sehr effektiv und erfolgreich eingesetzt werden kann, um den Heilungsprozess zu unterstützen sowie den Trainingsrückstand durch Einsatz des Vorstellungstrainings (s. Kap. 5) zu reduzieren. *Ievleva* und *Orlick* (1991) wiesen nach, dass der Einsatz psychologischer Techniken nach einer Knie- und/oder Knöchelverletzung zu schnellerer Heilung führte. Insbesondere profitierten »Schnellheiler« von einem Zielsetzungstraining und positiven Selbstgesprächen.

Im Folgenden wird dargestellt, wie der Heilungsprozess sportpsychologisch unterstützt werden kann. Dabei werden zunächst Maßnahmen vorgestellt, die auf individueller Ebene den Heilungsprozess optimieren können.

Zielsetzungstraining

Zielsetzungstraining wird von Athleten nicht nur als die effektivste Technik nach einer Sportverletzung eingestuft (*Brewer* et al. 1994), sondern führt – wie oben beschrieben – tatsächlich zu einer schnelleren Heilung. Ein damit einhergehender Effekt liegt in der Aufrechterhaltung des Rehabilitationstrainings. Ferner hat Zielsetzungstraining einen positiven Einfluss auf die Selbstwirksamkeit der Verletzten (*Evans* u. *Hardy* 2002) und fördert die Aufrechterhaltung von Motivation. Konkret folgt daraus für Sportpsychologen

und Trainer, dass der Athlet nach einer Verletzung zum einen nicht allein gelassen wird und zum anderen gemeinsam mit ihm Ziele in Zusammenhang mit dem Rehatraining erarbeitet werden (z.B. Häufigkeit des Rehatrainings, Anzahl und Wiederholungen verschiedener Übungen). Die Athleten dürfen keinesfalls mehr machen, als medizinisch verantwortbar ist, da eine übersteigerte Motivation bzw. zu hohe Ziele auch den Heilungsprozess verlangsamen bzw. kontraproduktiv wirken können. Ziele, die sich auf die Inhalte des Rehatrainings beziehen, sollten daher auch gemeinsam mit dem medizinischen Personal vereinbart werden.

Weiterhin können Ziele festgelegt werden, die sich auf andere Bereiche beziehen. Beispielsweise kann die Anzahl der negativen Gedanken über die Verletzung reduziert werden.

Imagination und mentales Training

In der Krebstherapie hat sich gezeigt, wie wirksam die *Imagination des Heilungsprozesses* (»healing imagery«) sein kann (*Klein* 2001). Hierbei stellen sich Krebspatienten vor, wie Krebszellen absterben, der Körper sich selbst heilt oder dass sie glücklich und gesund sind. Die Bilder müssen jedoch in gewissem Maße der Realität entsprechen. Verletzte Sportler setzen die Strategie auf vielfältige Weise ein, z.B. um die Schmerzen zu regulieren, sich abzulenken, die Rehaübungen korrekt auszuführen oder eine positive Einstellung beizubehalten (*Driediger* et al. 2006). Dabei sollten die verwendeten Bilder immer möglichst realitätsnah und detailliert sowie positiv sein. Falsche Vorstellungen von einer Verletzung können sich hingegen negativ auf den Heilungsprozess auswirken und zu Verkrampfungen sowie Schmerzen führen (*Kleinert* 2003).

Zusätzlich zur Imagination des Heilungsprozesses kann ein *Vorstellungstraining erfolgen.* Einige Athleten führen es in der Verletzungsphase gerne durch, um das Gefühl zu haben, weiterhin regelmäßig zu trainieren, und um ihre Bewegungsvorstellung aufrecht zu erhalten. Andere hingegen stehen in Verletzungsphasen dem mentalen Trainieren sehr abweisend gegenüber. Aufgrund ihrer starken körperlichen Einschränkungen können sie sich die Bewegungsausführung nicht vorstellen oder finden die Bilder nicht realistisch. Ein Vorstellungstraining hat nur dann die gewünschten Effekte, wenn es aus innerer Überzeugung heraus durchgeführt wird. Die Bereitschaft des Sportlers hierfür muss deshalb sichergestellt sein.

Praxisbeispiel: Vorstellungstraining eines schulterverletzten Golfspielers

Ein Profigolfer hatte sich im Oktober bei einem Sturz an der Schulter verletzt und konnte ein Vierteljahr lang keine Bälle schlagen. Er hatte in der sportpsychologischen Betreuung bereits das Vorstellungstraining gelernt und dieses regelmäßig angewandt. Während der Herbst- und Wintermonate, in denen seine Verletzung ausheilte, ging er häufig, teilweise in Begleitung des Erstautors, über den Meisterschaftsplatz seines Heimatclubs. Am Abschlag teete er einen Ball auf und durchlief seine Preshot-Routine mit Ausnahme der Probeschwünge. Statt tatsächlich abzuschlagen, imaginierte er den Schlag, sah vor seinem inneren Auge den Ball fliegen, aufkommen und ausrollen. Dann ging er wie im richtigen Spiel an die Stelle, an der der Ball nun liegen müsste. Hier überlegte er, welchen Schlag er mit welchem Schläger nun machen müsse. Er prüfte dazu die Balllage und den Wind – so, wie er es unter realen Ausführungsbedingungen auch tun würde. Anschließend vollzog er weiter seine

Routine und imaginierte den Schlag, für den er sich entschieden hatte. Auf diese Weise »spielte« er mindestens dreimal pro Woche 9 Löcher. Als er nach 3 Monaten auf den Platz ging, um den Ball tatsächlich zu spielen, hatte er nicht das Gefühl, ein Vierteljahr pausiert zu haben. Mit sehr viel Zutrauen zu seinen Fähigkeiten spielte er den Platz und dabei einen Score, den er nach 3 Monaten Pause nicht für möglich gehalten hätte.

Positive Selbstgespräche

Wie eingangs erwähnt, können positive Selbstgespräche erwiesenermaßen einen entscheidenden Einfluss auf den Heilungsprozess nehmen. Da sie in Kapitel 5 und 8 beschrieben werden, wird an dieser Stelle nicht näher darauf eingegangen.

Modeling (Orientierung an Vorbildern)

Weiterhin hat sich das Modeling als erfolgreiche Interventionsmaßnahme bei verletzten Athleten erwiesen (*Weiss* u. *Troxel* 1986). Es wird zwischen einem informellen und einem formellen Modeling unterschieden (*Flint* 1999). Die informelle Art erfolgt mehr oder wenig von selbst, nämlich dann, wenn Ärzte oder Sportpsychologen von anderen Athleten berichten, die ihre Sportverletzung erfolgreich überwunden haben. Beim formellen Modeling wird dem Athleten ein geeignetes Vorbild zur Seite gestellt. Dabei kann es sich um einen anderen Sportler handeln, mit dem sich der Verletzte unterhält, oder auch um Videoaufnahmen eines anderen Sportlers. Es wird davon ausgegangen, dass der Nutzen des formellen Modelings größer ist als von informellen.

Entspannungsverfahren

Die im Kapitel 4 beschriebenen Entspannungsmaßnahmen können nach einer Sportverletzung eingesetzt werden, um Muskelverspannungen oder auch negative Gedanken zu reduzieren. Zusätzlich klagen einige Athleten nach einer Sportverletzung über Schlafprobleme. Durch den Einsatz von Entspannungsverfahren können sowohl das Einschlafen als auch das Durchschlafen positiv unterstützt werden.

Kommunikationsfertigkeiten, soziale Unterstützung

Vor allem in der Rehabilitationsphase sind Kommunikationsfertigkeiten sehr wichtig, damit verletzte Sportler ihre Sorgen bezüglich ihrer Verletzung sowie ihren Rehabilitationsprozess vor allem mit dem medizinischen Personal besprechen können.

Zusätzlich muss in dieser Phase die soziale Unterstützung für den Sportler maximiert werden. Hierbei werden insbesondere Trainer, Mannschaft sowie Familie und Freunde in den Rehabilitationsprozess miteinbezogen. Soziale Unterstützung kann in emotionaler, materieller und informationeller Form erfolgen (*Hardy* u. *Grace* 1993). *Emotionale Unterstützung* geschieht durch aktives Zuhören und Empathie; sie scheint unmittelbar nach der Verletzung die wichtigste Form zu sein. Eine *materielle Unterstützung* kann beispielsweise darin bestehen, dass man den Athleten zum Rehatraining bringt und wieder abholt oder die Kosten für zusätzliche Behandlungen übernimmt.

Bei der *informationellen Unterstützung* erhält der Athlet alle Informationen, die er benötigt, um seine Verletzung besser zu verstehen.

Dies kann insbesondere durch das medizinische Personal erfolgen, indem es sich ausreichend Zeit nimmt und die Verletzung sowie den Heilungsprozess verständlich erklärt. Es spielt zudem eine Rolle, wie verletzte Sportler die Ursache ihrer Verletzung einschätzen bzw. sich selbst erklären. Ungünstig für den Wiederherstellungsprozess und die Zuversicht bei der Wiederaufnahme ihrer sportlichen Tätigkeit ist es, wenn Sportler keine gute Erklärung haben und ratlos fragen: »Wieso ist mir das passiert?« »Wieso gerade ich?« (vgl. *Rogner* et al. 1987).

Die Angst vor einer Wiederverletzung lässt sich reduzieren, wenn man entweder das Verletzungsrisiko akzeptiert (»Ich weiß darum und lasse mich freiwillig darauf ein«) oder weiß, wie man erneute Verletzungen vermeiden kann.

Der Sportler sollte in allen drei genannten Bereichen möglichst große Unterstützung erhalten. Um die Selbstwirksamkeit des Sportlers zu erhalten, müssen Möglichkeiten gefunden werden, wie er in den laufenden Trainingsbetrieb integriert werden kann. So kann er weiterhin am Training und an Mannschaftssitzungen teilnehmen oder eventuell auch Aufgaben (z.B. Organisationsaufgaben) für die Mannschaft übernehmen.

Manche Verletzungen sind jedoch so schwerwiegend, dass sie eine Karrierebeendigung erforderlich machen. In diesem Fall sollte möglichst frühzeitig ein Laufbahnberater hinzugezogen werden, um vor allem die nachsportliche Berufskarriere mit dem Sportler zu besprechen und verschiedene Möglichkeiten einer positiven Zukunftsbewältigung aufzuzeigen.

Psychische Probleme

Dem Sportpsychologen können auch Probleme begegnen, die eine psychotherapeutische oder medizinische Behandlung erfordern und somit den Kompetenzbereich der meisten Sportpsychologen übersteigen. Der Schwerpunkt kann daher hier nicht in der Beschreibung von Interventionsmaßnahmen liegen. Vielmehr werden die Krankheitsbilder mit ihren Ursachen und einhergehenden Symptomen dargestellt.

Die Zielsetzung für nichtklinisch ausgebildete Sportpsychologen muss sein, dass sie die Krankheitsbilder erkennen und die Athleten an einen Spezialisten weiterempfehlen können. Es sollte sich von selbst verstehen, dass keine Behandlungsversuche durch nichtklinisch bzw. therapeutisch ausgebildete Sportpsychologen erfolgen.

Burnout

Seit Jahren gewinnt in der Beanspruchungsforschung das Ausgebranntsein (Burnout) an Bedeutung. Die in Deutschland bekanntesten und außerordentlich medienpräsenten Fälle von Burnout bei Sportlern der letzten Jahre waren *Sven Hannawald* und *Sebastian Deisler*. Obwohl keine einheitliche Definition existiert, herrscht Einigkeit darüber, dass dieses Phänomen als Reaktion auf chronischen Stress anzusehen ist (zusammenfassend *Kallus* u. *Kellmann* 2000). Burnout stellt eine negative individuelle Erfahrung dar, die Probleme, Stress, negatives Befinden, Dysfunktion und negative Konsequenzen beinhaltet.

Davon betroffen sind nicht nur Sportler, sondern auch Trainer (z.B. *Dale* u. *Weinberg* 1989) und Schiedsrichter (*Rainey* 1995). *Caccese* und *Mayerberg* (1984) fanden bei hauptverantwortlichen Trainern von Universitätsmannschaften deutliche geschlechtsab-

hängige Unterschiede im Burnout-Niveau. Trainerinnen wiesen im Vergleich zu ihren männlichen Kollegen eine signifikant höhere emotionale Erschöpfung und eine geringere persönliche Verwirklichung auf.

Ursachen

Die Entstehung von Burnout findet in einem mit der Stressentwicklung vergleichbaren Rahmen statt. Führt das Ungleichgewicht von Anforderung und vorhandenen Möglichkeiten (Fertigkeiten, Ressourcen) zu langfristiger oder wiederholter Über- bzw. Unterforderung, so kann es in der Bewertung der Situation durch den Athleten zu einer Abwertung der eigenen Aktivität, zu Hilflosigkeitsverhalten oder zum Bewusstwerden der eigenen Überlastung kommen.

Bereits in Kapitel 6 wurde darauf eingegangen dass Burnout auf einem Mangel an Erholung beruhen kann. Zu viel Training oder zu viele Wettkämpfe, das Fehlen von Freude an der Aktivität und zu viel Druck von sich selbst oder anderen sind die Hauptursachen für dieses Phänomen (*Cohn* 1990). Während einer intensiven Saison mit hoher Trainingshäufigkeit in der wettkampffreien Zeit ist weder die physische noch psychische Erholung des Athleten in ausreichendem Maße möglich. Des Weiteren kann sich, wenn Stress mit Verletzungen und der Wiederaufnahme des Trainings assoziiert wird, das Risiko für Dropout und Burnout erhöhen. Übertraining, Routine, Monotonie, Langeweile und mangelnde Abwechslung beim Training fördern diesen Effekt (vgl. *Robinson* u. *Carron* 1982).

Symptome

Das Burnout-Syndrom zeichnet sich durch emotionale Erschöpfung, Depersonalisation und das Fehlen von persönlicher Verwirklichung aus (*Maslach* u. *Jackson* 1986). Dies kann nicht nur eine Leistungsminderung, sondern auch ein Ausscheiden aus bisher ausgeübten Aktivitäten zur Folge haben (*Maslach* et al. 1996).

Psychische Reaktionen wie Anspannung, Ärger, Angst oder Schlaflosigkeit führen zu rigidem, unangemessenem Verhalten, Leistungsabfall und zur Reduzierung von Aktivitäten. Jedoch brechen nicht alle Sportler, die Burnout erleben, ihre Beteiligung ab. Einige Sportler bleiben dennoch aktiv. Sie glauben, dass sie den Sport aus verschiedenen Gründen nicht aufgeben können (z.B. Druck der Familie). Diese erzwungene Teilnahme ist durch niedrigere Motivation, gefühlsmäßiges Abstumpfen, geringere Zufriedenheit und schlechtere Leistung gekennzeichnet (*Raedeke* 1997).
Ausgebrannte Sportler haben wenig Trainingseinsätze und Trainingstage, weisen motivationale Defizite und ein schlechtes Bewältigungsvermögen auf (*Gould* et al. 1997). Mit zunehmendem Ausprägungsgrad von Burnout wird die Leistung des Athleten inkonsistent und erfährt einen Rückgang (*Kallus* u. *Kellmann* 2000).

Intervention

Wie in Kapitel 6 hinsichtlich des Übertrainings beschrieben, müssen auch beim Auftreten von Burnout dem Athleten lange Erholungspausen bzw. eine vorläufige Zurückstellung vom Sport ermöglicht werden (*Henschen* 1993). So kann verhindert werden, dass sie ihre sportlichen Karrieren frühzeitig beenden. Daher müssen die Betreuer sensibel auf psychische und/oder physische Erholungsbedürfnisse der Athleten reagieren und aktiv zum Wiedererreichen eines optimalen Erholungs-Beanspruchungs-Zustands beitragen.

Ess-Störungen

Insbesondere in Disziplinen, in denen aus ästhetischen, physiologischen und biomechanischen Gründen ein geringes Gewicht erforderlich ist, kommen Ess-Störungen verstärkt vor (*Platen* et al. 2004). Hierzu zählen die turnerischen Sportarten, Eiskunstlaufen, Langstreckenlauf, Boxen, Ringen, Judo, Pferderennsport, Skispringen und Hochsprung. Genaue Zahlen zur Erkrankungshäufigkeit im Leistungssport existieren nicht, aber einer skandinavischen Studie zufolge beträgt das Risiko, an einer Ess-Störung zu erkranken, in bestimmten Sportarten bis zu 40 % (*Sundgot-Borgen* 1993)

An klassischen Ess-Störungen sind die Magersucht (Anorexia nervosa) sowie die Ess-Brech-Sucht (Bulimia nervosa, Bulimie) zu nennen. Die *Magersucht* geht mit einer deutlichen Gewichtsreduktion einher, welche selbst herbeigeführt und absichtlich so gehalten wird. Die betroffenen Personen haben trotz ihres reduzierten Gewichts große Angst zuzunehmen und eine verzerrte Körperwahrnehmung. Sie empfinden sich trotz ihres niedrigen Gewichts als zu dick. Bei Frauen geht die Magersucht zusätzlich mit dem Ausbleiben der Regelblutung einher. Eine Gewichtsreduktion wird bei Magersüchtigen entweder durch eine stark reduzierte Nahrungsaufnahme oder durch Erbrechen bzw. Missbrauch von Abführmitteln herbeigeführt. *Die Ess-Brech-Sucht* ist im Gegensatz zur Magersucht eher eine verborgene Krankheit, da sie mit keinem deutlichen Gewichtsverlust einhergehen kann und somit für Außenstehende oft unbemerkt bleibt. Körperliche Merkmale der Bulimie sind: glasige Zähne, Hautveränderungen an der Hand etc. Wiederholte Episoden von Fressanfällen werden bei diesem Krankheitsbild mit selbst induziertem

Erbrechen oder übermäßiger sportlicher Betätigung kompensiert.

Als vor allem sportindizierte Ess-Störung kommt die *Anorexia athletica* vor, die sich von den anderen beiden Formen unterscheidet und für den Leistungssport spezifisch ist. Hierbei geht es hauptsächlich darum, durch die Gewichtsreduktion eine bessere sportliche Leistung zu erzielen.

Die Folgen von Ess-Störungen sind Mangelerscheinungen, z.B. hinsichtlich der Versorgung mit Nährstoffen (Kohlenhydrate, Fette, Eiweiße), Mineralien und Vitaminen. Ferner treten Hormonstörungen vor allem der Geschlechts-, Nebennierenrinden- und Schilddrüsenhormone sowie auch des vegetativen Nervensystems auf. Folgen eines kontinuierlichen Erbrechens sind Schädigung des Magens und der Speiseröhre sowie der Zähne. Ferner gibt es zahlreiche psychische und soziale Folgen einer Ess-Störung. Essgestörte verlieren ihre Lebensfreude und ihr Selbstbewusstsein, ihr Interesse an der Umwelt nimmt ab. Sie sind permanent unter Stress und haben Angst, dass ihr Verhalten entdeckt wird. Insbesondere während Trainingslagern erleben Leistungssportler mit einer Ess-Störung sehr starke Belastungen. Zusätzlich erhöht sich der emotionale Druck. Als längerfristige Folgen sind neben den gesundheitlichen Schädigungen vor allem Depressionen, Schlafstörungen und sportlicher Leistungsverlust zu nennen.

Ursachen

Bei den Ursachen für Ess-Störungen handelt es sich meist um eine Kombination von Faktoren. Daher sind die Erklärungsansätze für Ess-Störungen grundsätzlich nicht eindimensional (*Barb-Priebe* 1998). Diese Faktoren können biologischer, psychologischer oder kultureller Natur sein und auch mit den Be-

dingungen in Zusammenhang stehen, die im Leistungssport vorherrschen. Es gibt Untersuchungen, die auch eine genetische Prädisposition für Magersucht nahe legen. Ferner scheinen bestimmte Persönlichkeitseigenschaften der Sportler (z.B. Perfektionismus, mangelndes Selbstvertrauen, Zwanghaftigkeit, Leistungsorientierung) sowie schlechte Erfahrungen in der Kindheit und aktuelle Konflikte die Entstehung von Ess-Störungen zu begünstigen. Zusätzlich liegen in der Gesellschaft bestimmte Schönheitsideale vor, die durch die Bedingungen im Leistungsport verstärkt werden, z.B. bei bestimmten Sportarten, in denen niedrigeres Gewicht Leistungsvorteile mit sich bringt.

Hinweise für das mögliche Vorliegen einer Ess-Störung

Äußerungen der Betroffenen:
- Unzufriedenheit mit der Figur und Äußerungen, zu dick zu sein
- Angst vor dem Dickwerden
- Schuldgefühle nach dem Essen
- andauernde Beschäftigung mit dem Gewicht, Essen, Kalorien

sichtbare Merkmale:
- starke Gewichtsabnahme
- Tragen weiter Kleidung
- Anschwellen der Speicheldrüsen durch das Erbrechen mit so genannten Hamsterbacken
- Diskrepanzen zwischen der aufgenommenen Nahrungsmenge und dem aktuellen Gewicht
- gerötete Augen nach dem Aufsuchen der Toilette
- Wassereinlagerungen
- (Ausbleiben der Regelblutung)

Verhaltensveränderungen:
- zwanghaftes Trainieren auch über das vorgegebene Trainingspensum hinaus

- Betroffene Verschwinden kurz nach dem Essen auf die Toilette
- Heimlichtuerei
- Bevorzugen von Light-Produkten, Kauen von Kaugummi

Intervention

Platen et al. (2004) empfehlen für die Behandlung der Ess-Störung ein multidisziplinäres Betreuungsteam aus Psychologen, Medizinern und Ernährungsberatern. In den meisten Fällen ist eine ambulante oder auch stationäre psychotherapeutische Behandlung erforderlich, die durch eine ernährungsmedizinische Therapie ergänzt wird. Ein erster Ansprechpartner beim Verdacht auf eine Ess-Störung eines Leistungssportlers können die Sportpsychologen an den Olympiastützpunkten sein. Über eine besonders umfangreiche Erfahrung im Umgang mit Ess-Störungen im Leistungssport verfügen der Olympiastützpunkt Westfalen und das Institut für Kreislaufforschung und Sportmedizin der Deutschen Sporthochschule Köln.
Als Ratgeber ist der Leitfaden von *Lebenstedt, Bussmann* und *Platen* »Ess-Störungen im Leistungssport« zu empfehlen, der 2004 vom Bundesinstitut für Sportwissenschaft herausgegeben wurde.

Sportsucht

Exzessives Sporttreiben kann eine Art der Abhängigkeit erzeugen. Nach *Glasser* (1976) gibt es eine positive und eine negative Form der Sucht. Bei einer positiven Sucht führt das Nichtrealisieren des entsprechenden Bedürfnisses zu psychischem oder physiologischem Unbehagen. Eine positive Sucht macht Spaß, dominiert aber nicht das Leben der betroffenen Person, wie dies bei der negativen Sucht

der Fall ist. Für *Morgan* (1979) ist jedoch auch bei der »positiven Sucht« problematisch, dass es negative Folgen für die Gesundheit geben kann. Nach *Morgan* liegt eine Sportsucht vor, wenn
- die betroffene Person das Gefühl hat, dass der Sport notwendig ist, um mit den täglichen Lebensanforderungen zurecht zu kommen,
- die betroffene Person unter Entzugserscheinungen (Ängstlichkeit, Unruhe, Gereiztheit, Unbehagen) leidet, wenn sie keinen Sport treiben kann.

Ferner wird ein Sportsüchtiger auch dann seinem Sport weiter exzessiv nachgehen, wenn dadurch andere Aspekte seines Lebens (Beruf, Beziehung, Gesundheit) beeinträchtigt werden. Charakteristischerweise entsteht Sportsucht wie andere Süchte auch aus einem (unangemessenen) Bewältigungsversuch für psychische Probleme (Lebenskrisen, Ängste, inneres Ungleichgewicht), der sich verselbständigt. Eine besondere Problematik ergibt sich daraus, dass Sport eine gesellschaftlich höchst akzeptierte Aktivität, auch als Form der Bewältigung von Problemen darstellt. Die Entwicklung des Sporttreibens zur Sucht wird daher selten erkannt. Sportsucht geht oft mit einer Ess-Störung einher (*Brewerton* et al. 1995).

Symptome

Sportsüchtige können nur schwer einen Tag lang auf körperliche Betätigung verzichten. Sie treiben mindestens einmal pro Tag Sport, auch wenn dies mit der Gefahr gesundheitlicher Schädigung (z.B. bei einer Infektion) verbunden ist. Ihre Gedanken kreisen ständig um den Sport. Nach *Sachs* (1981) zeigen die Betroffenen nach 24–36 Stunden ohne sportliche Betätigung Entzugserscheinungen, die charakteristischerweise wieder verschwinden, wenn die Sportsüchtigen trainieren (*Veale* 1987).

Es ist leicht ersichtlich, dass einige der genannten Kriterien auf Leistungssportler zutreffen. Sind Leistungssportler gewissermaßen zwangsläufig sportsüchtig? *Biddle* und *Mutrie* (2002) sind der Meinung, dass bei Leistungssportlern erst dann eine problematische Situation eintritt, wenn das Sporttreiben mit einem Raubbau am Körper einhergeht. Dies ist zum einen gegeben, wenn die Sportsucht mit einer Ess-Störung einhergeht (Schwächung des Immunsystems, Muskelatrophie). Weiterhin geht es beim Training zusätzlich darum, das Körpergewicht zu reduzieren und ein bestimmtes Figurideal zu erreichen.

Zum anderen liegt eine Sportsucht vor, wenn die Sportler trotz körperlicher Erschöpfung, Verletzungen und Schmerzen und/oder gegen ärztlichen Rat weitertrainieren. In beiden Fällen ignorieren die betroffenen Sportler die Warnsignale ihres Körpers. Nach *Bamber* et al. (2003) ist ein entscheidendes Kriterium für Sportsucht auch im Leistungssport, dass der Sport fortgesetzt wird, obwohl der anhaltende Wunsch nach Reduktion des Sporttreibens besteht und/oder bereits erfolglose Versuche nach einer Reduktion unternommen wurden. Müdigkeit, chronische Verletzungen, Beziehungsprobleme und Ess-Störungen sind Probleme, die durch Sportsucht im Leistungssport entstehen können (*Veale* u. *Le Fevre* 1988).

Ursachen

Generell wird davon ausgegangen, dass körperliche Betätigung belohnend wirkt durch verbesserte Stimmung, bessere Gesundheit und vermehrte Möglichkeiten zur sozialen In-

teraktion (*Pierce* et al. 1993). Sporttreiben kann auch einen Angst reduzierenden oder ablenkenden Effekt haben. All dies kann zu einer Besserung der subjektiven Situation z.B. nach einem kritischen Lebensereignis beitragen, ohne allerdings eine grundlegende kognitive Bewältigung voranzubringen. Insofern führt Sporttreiben zu einer Besserung des akuten Erlebens, aber nicht zu einer tatsächlichen Bewältigung. Die akute Besserung wirkt jedoch belohnend, was zu häufiger Wiederholung des Verhaltens führt. Fortgesetzte sportliche Betätigung verändert den Endorphin-, Katecholamin- und Dopaminhaushalt, so dass das Sporttreiben physiologische Rahmenbedingungen schafft, die zu Suchtmerkmalen werden können.

Zunächst wurden die Ursachen der Sportsucht vor allem im »Runners High« gesehen, d.h. dem Streben nach der Endorphinausschüttung, die durch erhöhte Anstrengung hervorgerufen wird. Inzwischen wird aber ein biopsychosoziales Ursachengefüge für die Entstehung verantwortlich gemacht. Hierzu gehören genetische Faktoren, Persönlichkeitseigenschaften sowie die Bedingungen, die im Leistungssport vorherrschen.

Intervention

Die Betroffenen können eine psychologische Beratungsstelle aufsuchen. Ist bereits klar, dass eine Sucht besteht, können auch spezielle Suchtberatungsstellen weiterhelfen. Meist werden psychotherapeutische Verfahren mit einem kognitiven Ansatz ambulant durchgeführt. Im Gespräch wird versucht, das Suchtverhalten zu ergründen und die Abhängigkeit zu lösen. Hat der Betroffene hingegen schwerwiegende körperliche Symptome, kann die Behandlung einen stationären Aufenthalt in einer Klinik erfordern. Dies ist insbesondere dann erforderlich, wenn die Sportsucht mit einer Ess-Störung einhergeht.

Karrierebeendigung

Blinde und *Stratta* (1992) baten Athleten, ihre Gefühle während ihres Karriereausstiegs aufzuschreiben und mit Gefühlen während anderer Lebensphasen zu vergleichen. Dabei zeigten sich starke Parallelen zu Gefühlen, die in Zusammenhang mit Sterben und dem Tod stehen. Es verwundert daher nicht, dass das Karriereende als kritisches Lebensereignis angesehen wird, das bewältigt werden muss (*Alfermann* 2006).

Ob eine Karrierebeendigung zu einer Krise führt oder nicht, hängt vor allem davon ab, ob die Beendigung freiwillig oder unfreiwillig erfolgt. So zeigen Untersuchungsergebnisse, dass eine unfreiwillige Karrierebeendigung verheerende Auswirkungen auf den darauf folgenden Anpassungsprozess haben kann (z.B. *Wheeler* et al. 1996). Ferner unterscheidet sie sich stark von einer freiwilligen Karrierebeendigung und erfordert stärkere emotionale und soziale Anpassungsprozesse (*Lavallee* et al. 1997). Insgesamt scheinen Frauen etwas weniger intensiv unter negativen Emotionen nach einer Karrierebeendigung zu leiden als Männer (*Alfermann* et al. 2004).

Taylor und *Ogilvie* (1998) nennen 4 Hauptgründe für eine Karrierebeendigung: *Alter, Ausdelegierung, Verletzung* oder *freiwilliger Ausstieg*. Die ersten 3 Gründe verdeutlichen, dass der Athlet aufgrund von nachlassender sportlicher Leistung die Sportkarriere beenden musste und der Ausstieg nicht aus freien Stücken erfolgte, sondern mehr oder weniger erzwungen wurde. Athleten, die unfreiwillig aus dem Sport ausscheiden, reagieren oft mit Ärger, der sich entweder gegen sich selbst

richtet und zu Alkohol- oder Drogenmissbrauch führen kann, oder Ärger, der gegen die Familie, Freunde oder das sportliches Umfeld gerichtet wird (*Pankey* 1993). *Wippert* et al. 2006 konnten zeigen, dass das Trennungsmanagement der Verbände Einfluss auf die Belastungsreaktion nach der Ausdelegation hat. Athleten, die vom Verband über die Gründe ihres Ausscheidens umfassend informiert wurden, wiesen eine niedrigere Belastungsreaktion nach dem Rücktritt auf als Athleten, die vom Verband ein schlechtes Trennungsmanagement (z.B. keine Vorbereitung darauf) erhielten.

Eine rechtzeitige Planung des Karriereendes, ein freiwilliger Rücktritt und eine hinlängliche soziale Unterstützung führen zu einem weniger krisenhaften Übergang (*Lavallee* et al. 1997).

Ferner empfehlen *Alfermann* et al. (2004), dass Athleten vor einer bevorstehenden Karrierebeendigung ein Trainingsprogramm absolvieren, mit dessen Hilfe sie Ressourcen für die Übergangsphase mobilisieren und eine Bereitschaft für den Übergang entwickeln können. Im Rahmen dieses Trainingsprogramms sollten die folgenden Inhalte thematisiert werden.

Inhalte eines Trainingsprogramms zur Karrierebeendigung
- genaue Gründe für die Beendigung
- günstigster Zeitpunkt für den Ausstieg
- Pläne für das Leben nach der leistungssportlichen Karriere
- Ressourcen, die dem Athleten in der Übergangsphase zur Verfügung stehen

Auch ein Mentoring durch ehemalige Betroffene sowie eine Gesprächstherapie, in der

Ängste und Sorgen thematisiert werden, können sinnvoll sein. Das Bedürfnis dafür ist jedenfalls vorhanden. So fanden *Storch* et al. (2005) in einer Untersuchung, dass College-Athleten nach ihrer Karrierebeendigung die Notwendigkeit einer Beratung hinsichtlich Zeitmanagement, Stress, Burnout, Versagensängsten und Depression sehen.

Langfristig sollte man auch prüfen, inwieweit Athleten nach ihrem Ausscheiden in das bestehende Sportsystem integriert werden können, z.B. als Trainer und/oder Funktionär, um ihnen dadurch den Übergang zu erleichtern sowie von ihren Erfahrungen als Hochleistungssportler und ihrer Expertise zu profitieren.

Weiterführende Literatur

Kleinert, J. (2003). Mental aus der sportlichen Krise: Verletzungen, Formtiefs, Erfolgsdruck und Teamkonflikte bewältigen. München: BLV-Verlag.

8 Mentaler Werkzeugkasten

Einleitung

In diesem Kapitel sind einige typische psychische Problemsituationen im Wettkampf- und Leistungssport sowie spezielle mentale Techniken in alphabetischer Reihenfolge aufgeführt. Bei den Problemsituationen wird zuerst das Problem genannt, dann folgt eine Ursachenanalyse, abschließend werden Lösungsempfehlungen gegeben. Es gibt in der Regel mehrere Lösungsmöglichkeiten; Lösungen sind immer stark individuenspezifisch, so dass man für jeden Sportler die passende finden muss. Teilweise sind die Lösungsvorschläge für den einzelnen Sportler individuell zu erstellen.

Angst, Angstbewältigung

Problem. Negativer emotionaler Zustand mit ungerichteter Aktivierung, man möchte weg aus der Situation. Folgen: Lockerheit geht verloren, die Bewegungskoordination leidet; häufig werden keine situationsangemessenen Entscheidungen getroffen; keine optimale Einstellung auf die nächste Aufgabe; Lernen wird beeinträchtigt.

Ursache. Eine Gefahrenquelle oder ihr tatsächliches Eintreten ist nicht eindeutig auszumachen, daher weiß man auch nicht, was man tun soll.

Lösung. Analyse des Gefahrenpotenzials; Umwandlung in Furcht, denn unter Furcht wird eine emotionale Reaktion auf konkrete, gut identifizierbare Reize verstanden, die Gefahr signalisieren. Demzufolge kann Furcht in spezifische, den Gefahrenreizen entsprechende Vermeidungsreaktionen kanalisiert und damit abgebaut werden.

Belastende Ereignisse

Problem. Belastende Ereignisse innerhalb und außerhalb des Sports können das Denken vollständig blockieren und Energie rauben (und damit die Konzentration beeinträchtigen). Dabei kann es sich um Misserfolge, Verletzungen oder die Trennung vom Lebenspartner handeln.

Ursache. Aus psychologischer Sicht handelt es sich hierbei um unerledigte Handlungen oder Absichten. Unerledigtes strebt nach Erledigung und dringt so lange immer wieder in das Bewusstsein, bis man sich darum gekümmert hat. Ist der Sportler nach einem Misserfolg oder einer Verletzung ratlos, wie er dies in Zukunft vermeiden kann, besteht immer die Gefahr (besonders massiv bei lageorientierten Personen), dass dieses unerledigte Problem zur unpassenden Zeit in sein Bewusstsein dringt, z.B. wenn er sich auf die Angabe im Volleyball konzentrieren will. Unerledigte Absichten verlangen daher danach, in irgendeiner Form abgeschlossen zu werden.

Lösungsmöglichkeiten. Kurzfristig kann man sich von diesen störenden Gedanken befreien, indem man den Kopf durch die Entspannungsatmung frei atmet. Danach muss sich aber eine konkrete Handlungsanweisung anschließen, die die Aufmerksamkeit zu binden vermag, z.B. nach einem daneben geworfenen Dreipunktewurf im Basketball: Atmung plus Anweisung »Umdrehen, zurückrennen, Defense« (siehe dazu auch »Reset«). Tritt ein belastendes Ereignis (z.B. Ärger mit dem Freund) vor einem Wettkampf auf, so sollte man sich damit gedanklich auseinandersetzen, die Gedanken dazu aufschreiben und diese Notizen in ein »Zu-erledigen«-Fach legen, um sich nach dem Wettkampf näher damit zu befassen (siehe dazu auch »externer Speicher«). Es ist immer besser, z.B. einen Misserfolg gedanklich lösungsbezogen zu verarbeiten anstatt sich einfach abzulenken.

Bewältigung von Druck, Drucksituationen

Problem. Manche Sportler werden in kritischen Wettkampfsituationen so nervös, dass sie sich nicht mehr konzentrieren können, die Bewegungsausführung leidet und die Kreativität verloren geht.

Ursachen. Die Ursachen hierfür können vielfältig sein. Eine Variante wird unter dem Stichwort »Furcht am Start« beschrieben. Es kann sich um eine Fehleinschätzung der Situation handeln, eine »Bedrohung«, für die man keine »Bewältigungsmöglichkeiten« wahrnimmt. Somit kann mangelndes Vertrauen in die eigenen Fertigkeiten vorliegen (siehe »Selbstvertrauen«). Es kann auch sein, dass ein Sportler alles besonders gut machen will, die Bewegung in einzelne im Training erworbene Technikgedanken zerlegt und so den Bewegungsfluss der an sich sicher automatisch beherrschten Bewegung verliert.

Lösungsmöglichkeiten. Die folgenden Trainingsmaßnahmen dienen in erster Linie einer Gewöhnung an die Drucksituation.
Immunisierungstraining: Indem im Training Situationen geschaffen werden, die Druck erzeugen, gewöhnt (habituiert) man sich an Drucksituationen und beseitigt so die Konzentration beeinträchtigende Belastung.
Um beispielsweise den Umgang mit Druck beim Putten zu lernen, kann ein Golfer 10 Bälle auf dem Puttinggrün im Kreis um ein Loch legen; die Distanz hängt vom Können des Spielers ab. Es wird mit dem Putten bei der leichtesten Lage begonnen, alle 10 Bälle müssen eingelocht werden, andernfalls muss von vorne begonnen werden. Der Druck steigt mit jedem eingelochten Ball. Will man die Schwierigkeit erhöhen, kann man 5 Bälle auf eine Linie jeweils 50 cm voneinander entfernt legen, also z.B. 50 cm, 1 m, 1,50 m … Die Aufgabe ist identisch. Hier steigt der Druck stärker, weil auch die Aufgabe deutlich schwieriger wird.
Prognosetraining: Man setzt sich ein konkretes Ziel, verkündet dies gegenüber den Mittrainierenden und versucht dann, dieses Ziel real zu erreichen. Beispielsweise kündigt ein Spieler an, dass er auf der Range seinen Drive in einen Zielkorridor von 20 m Breite zwischen 240 und 260 m schlagen wird.
Ursachen für das eventuelle Nichterreichen und auch das Erreichen des Zieles sollten genau analysiert, Maßnahmen zur Korrektur überlegt und/oder gegebenenfalls die Prognose angepasst werden. Diese Maßnahme eignet sich auch als Korrektur für Sportler, die ihre Ziele unrealistisch hoch setzen.
Einmaligkeitstraining: Zum Beispiel am Ende des Trainings bekommt der Spieler genau einen Versuch, um ein vom Trainer festgelegtes Ziel zu erreichen, etwa beim Training in einem Slalomkurs unter einer vom Trainer festgesetzten Richtzeit zu bleiben.

Es ist wichtig, dass der Zeitpunkt für diesen Versuch nicht vom Spieler, sondern von außen (Trainer) gesetzt wird. Dies ist ja auch in Wettkampfsituationen so. Setzt man den Versuch an das Ende des Trainings, kann der Sportler die positiven Konsequenzen eines Erfolgs und die negativen eines Misserfolgs intensiver erleben und besser lernen, damit umzugehen.

Burnout

Siehe »Übertraining«

Emotionsregulation

Problem. Auch »emotionales Achterbahnfahren« bringt einen Sportler aus dem Konzept, d.h., erst treten überschwängliche Freude und Stolz nach einer gelungenen Aktion auf, danach ist aber der Fall um so tiefer, wenn er Misserfolg erlebt.

Ursachen. Starke emotionale Reaktionen verursachen einen »physiologischen Wirbelsturm« im Gehirn, der über einen Zeitraum von bis zu 20 Minuten Konzentration und Entscheidungen (die an Funktionen des Großhirns gebunden sind) beeinträchtigen. Durch die überschwängliche Freude können die Erwartungen (das Anspruchsniveau) ggf. unrealistisch steigen, und die »Normalleistung« erscheint als Misserfolg. Der starke Ärger über den Misserfolg raubt nicht nur die Konzentrations- und Entscheidungsfähigkeit, sondern blockiert auch den Zugang zu den eigenen Stärken und nährt Selbstzweifel.

Lösung. Verbindung kognitiver und körperlicher Maßnahmen. Es gibt keine allgemeinverbindlichen körperlichen Komplettlösun-

gen, da diese individuell hochgradig verschieden ausfallen können. Grundelemente: aufrecht bleiben, aufgeregten Atem in tiefe, ruhige Atemzüge (verlängerte Ausatmung) verändern, Kopf hoch, schweifenden Weitblick einnehmen, Arme ausstrecken, Körper beweglich machen (Verspannungen beseitigen). Unmittelbar danach folgen die kognitive Bewertung, wobei das negative Gefühl zu akzeptieren ist, die weitergehende Analyse (Wie ist es zur belastenden Situation bzw. zum Misserfolg gekommen? Was ist falsch gelaufen) und – besonders wichtig – wie man Abhilfe schaffen kann.

Bei starker Frustration (Ärger, Wut) kann man durch einfache körperlich anstrengende Tätigkeiten, insbesondere zielführende Bewegungen (z.B. Probeschwünge im Golf), Katecholamine (Adrenalin, Noradrenalin, Kortisol) abbauen.

Externer Speicher

Um etwas nicht zu vergessen, machen sich manche Menschen einen Knoten in ihr Taschentuch. In der Sprache der Psychologie übernimmt dieser Knoten die Funktion eines »externen Speichers«. Das, was man sich merken will, muss nicht mehr ständig im Bewusstsein präsent gehalten werden, wenn es in einen externen Speicher gepackt wird. Auch ein Vermerk auf einer Karteikarte kann zum externen Speicher werden. Der externe Speicher kann zwar das Bewusstsein entlasten, aber unter Umständen auch zum Vergessen führen, wenn er unserer Aufmerksamkeit entzogen ist. Das könnte im Fall von belastenden Dingen hilfreich sein. Tatsächlich versuchen künstlerisch begabte Menschen, sich etwa Liebeskummer durch ein Gedicht von der Seele zu schreiben. Der Musiker *Eric*

Clapton soll die Trauer über den Tod seines Sohnes durch das Schreiben des Liedes »Tears in heaven« bewältigt haben.

Externe Speicher kann man sich auch vor einem Wettkampf zunutze machen, um belastende Dinge aus dem Bewusstsein zu bekommen. Vor einem Wettkampf kann man ein Problem auf ein Blatt Papier schreiben und dieses dann in einen »Kummerkasten« legen. Man hat sich mit dem Problem befasst. Im »Kummerkasten«, einem externen Speicher, belastet es momentan nicht mehr, insbesondere wenn man die Vornahme damit verbindet, sich nach dem Wettkampf dem Problem zu widmen. Natürlich muss man das Problem nach dem Wettkampf tatsächlich bearbeiten, ansonsten würde die Technik bald an Glaubwürdigkeit verlieren.

Furcht

Siehe auch »Angst, Angstbewältigung«

Furcht am Start

Problem. Durch die Furcht wird die Aufmerksamkeit auf die Furcht auslösenden Faktoren konzentriert. Der innere Dialog kippt um. Lockerheit und Kreativität gehen verloren, Lernen wird beeinträchtigt. Häufig werden keine situationsangemessenen Entscheidungen getroffen. Die Bewegungskoordination leidet.

Ursache. Selbstvertrauen (Selbstsicherheit, Selbstwirksamkeit) in die Bewältigung der Situation fehlt. Situation wird als Bedrohung statt als Herausforderung interpretiert. Zeichen körperlicher Erregung werden als Nervosität und damit Unsicherheit ausgelegt.

Lösungsmöglichkeiten. *Selbstgesprächsregulation:* Bewusstmachen, dass erhöhte Erregung, flaues Gefühl im Magen, erhöhter Herzschlag beim Wettkampfstart normal sind – ebenso wie in den unter Umständen spielentscheidenden Situationen bei Spielsportarten, wie dem Aufschlag im Tennis, dem Freiwurf im Basketball oder dem Elfmeter im Fußball. Nach der psychologischen Forschung steht die körperliche Erregung als solche in keinem systematischen Zusammenhang mit der Leistung. Stattdessen sind die Gedanken oder genauer die Art der Gedanken entscheidend, die man sich in diesen Situationen macht. Deshalb ist hier der innere Dialog, das Selbstgespräch, entscheidend.

Fürchtet der Sportler zu versagen, geht es meist schief. Die Gedanken können abschweifen auf das, was auf dem Spiel steht, wie er sich blamiert, dass er aus dem Kader fliegt, wenn er versagt. Oder aber aus Furcht zu versagen, will er technisch alles richtig machen und erinnert sich an das, was der Trainer als wichtige Technikelemente beschrieben hat. Genau darin liegt aber nach der neueren Forschung der Schlüssel zum Misserfolg (*Beilock* u. *Carr* 2001). Allein dadurch, dass er den Zustand als »Nervosität« bezeichnet, gesteht er sich Unsicherheit ein und untergräbt sein Selbstvertrauen. Der Sportler sollte sein Selbstgespräch in diesen Situationen so zu kontrollieren lernen, dass er die körperliche Erregung nicht als Furcht oder Nervosität interpretiert und bezeichnet, sondern als Zeichen wahrnimmt, dass er auf den Wettkampf, die Herausforderung eingestellt ist und der Körper bereit ist: »Es geht um etwas und ich bin bereit!«.

Furcht vor etwas Speziellem

Problem. Die Wahrnehmung des Furchtauslösers blockiert angemessene Reaktionen völlig und führt im Extremfall dazu, dass genau das eintritt, was man vermeiden wollte.

Ursache. Die Furcht bindet die Gedanken. Die gedankliche Beschäftigung simuliert immer und immer wieder genau das, was man vermeiden möchte. Hier liegt gewissermaßen ein »negatives Vorstellungstraining« vor. Es wird genau das mental trainiert und damit programmiert, was nicht passieren sollte.

Lösungsmöglichkeiten. *Selbstgesprächsregulation, Atmung und Zielsetzung:* Auf keinen Fall sollte man sich in diesem Fall zwingen, nicht an diese wahrgenommene Bedrohung zu denken. Dies würde nur dazu führen, dass man permanent daran denken muss. Der Trick liegt auch darin, nicht das Bedrohliche, sondern das eigentliche Ziel zu sehen.

Es geht also beispielsweise im Golf nicht darum, »den Ball auf keinen Fall fett zu treffen und ins Wasser zu schlagen«, sondern »meinen sicheren 120-m-Schlag an die Fahne zu spielen«. Man sollte sich zunächst dem bedrohlich Erscheinenden (z.B. dem Wasserhindernis) bewusst zuwenden und akzeptieren, dass es da ist. Im Golf könnte man das Wasser gar als Element betrachten, das den Platz interessant macht und landschaftlich verschönert. Danach atmet man zunächst »den Kopf frei« und wendet sich dann wieder dem zu, was man eigentlich tun will. Eine *positive Zielsetzung* ist gefragt, z.B., »Ich schlage das Eisen 8 auf das Grün« und keine Vermeidungszielsetzung »Ich darf nicht ins Wasser schlagen«. Selbst eine Redewendung wie »Ich muss über das Wasser kommen« ist zu vermeiden, denn sie geht vom Meidenziel (das Wasserhindernis) aus, beinhaltet Besorgtheit und Zweifel und sollte daher durch eine positive Zielsetzung ersetzt werden.

Habituation

Trainiert der Sportler überwiegend in vertrauter Umgebung, erfolgt bei jedem Wechsel des Wettkampfortes zunächst eine Orientierungsreaktion. Er lässt sich von den unbekannten Reizen ablenken, der nicht vertraute Ort erzeugt Unsicherheit oder sogar Ängste. Dies ist einer der Gründe für den so genannten Heimvorteil. Um den »Auswärtsnachteil« zu reduzieren, muss sich der Sportler mit dem auswärtigen Wettkampfort (z.B. fremde Stadien, Schwimmhallen, Golfplätze) vertraut machen, sich daran habituieren. Ist der Ort für ihn zur Gewohnheit geworden, wird auch der Auftritt im Wettkampf nicht mehr mit so viel Nervosität einhergehen.

Außerdem wird ein Wettkampf in der Regel nicht mit Mitgliedern der eigenen Trainingsgruppe bestritten. Man sollte daher im Training immer wieder versuchen, auch mit unbekannten oder gar unsympathischen Menschen zusammenzutreffen. Teile des Trainings sollten immer möglichst nah an eine Simulation des Wettkampfs heranreichen und dazu sollte man auch die weniger angenehmen Aspekte einbeziehen.

Innerer Dialog

Siehe »Selbstgesprächsregulation«

Konzentration, Konzentrations-störung

Problem. Bei Konzentrationsstörungen geht die uneingeschränkte Aufmerksamkeit für eine Beschäftigung verloren. Statt sich z.B. beim Basketballfreiwurf ausschließlich auf die Vorstellung zu konzentrieren, wie der Ball von oben mitten in den Korb fällt, wandern die Gedanken zum Publikum oder zu Geräuschen, die andere Spieler machen. Die Empfänglichkeit für aufgabenbezogene Sinnesreize und geordnetes Denken wird dadurch gehemmt.

Ursachen. Konzentrationsstörungen können bedingt sein durch einen aktuellen körperlichen Zustand wie Ermüdung, Erschöpfung, Dämmerzustand oder einen affektiven Zustand wie Angst oder Erregung.

Lösungsmöglichkeiten. Kopf frei atmen, Routinen.

Kopf frei atmen

Konzentration auf die Atmung, insbesondere die Psychohygiene-Trainingsatmung mit verlängerter Ausatmung kann störende Gedanken effektiv beseitigen.

Wenn die Konzentration gestört ist und sich störende Gedanken breit machen, hilft es, sich bewusst auf die Atmung und zwar insbesondere auf die Ausatmung zu konzentrieren. Die Ausatmung entspannt und macht den Kopf frei. Man kann sich dabei auch vorstellen, mit der Einatmung frische Energie aufzunehmen und mit der Ausatmung alles Verbrauchte, Belastende abzugeben. Dadurch wird der Kopf von störenden Gedanken und Zweifeln frei geatmet, wenn man eine sportliche Bewegung (z.B. den Aufschlag im Ten-

nis) durch Konzentration auf »einatmen – ausatmen – go« einleitet.

Kummerkasten

Siehe »Externer Speicher«

Misserfolgsbewältigung

Siehe »Belastende Ereignisse«, »Emotionsregulation«, »Positives Denken«, »Reset«, »Selbstgesprächsregulation«, »Selbstvertrauen«

Positives Denken

Siehe auch »Selbstgesprächsregulation«

Positives Denken ist kein Selbstbetrug. Es gibt immer zwei Seiten einer Medaille. Warum sollte das die Negative sein? Man kann ein Glas als »halbleer« oder »halbvoll« betrachten. Die verschiedenen Perspektiven haben unterschiedlichen Einfluss auf die Stimmungslage. Man ist traurig oder man freut sich, je nachdem, welche Sichtweise man sich zu Eigen macht. Zunächst sollte man erkennen, wie man mit sich redet, z.B. nach einem schlechten Lauf im Slalom, einem schlechten Schlag oder Loch im Golf.

Schreiben Sie Ihre typischen Redewendungen auf. Versuchen Sie dann, eine andere Sichtweise der Situation einzunehmen. Schließlich formulieren Sie eine positive Aussage statt der negativen.

Reset

Wenn der Computer sich »aufgehängt« hat, drückt man den Resetknopf. Wenn Golfer nach mehreren schlechten Schlägen oder Fußballer nach einer Reihe schlechter Pässe »von der Rolle« sind, sollten sie auch einen Reset-Knopf drücken können: Beim Golf beispielsweise kann man sich vom Abschlag (oder Fairway oder Grün) abwenden, in die Landschaft schauen; einen Punkt am Horizont fixieren; auf die verlängerte Ausatmung konzentrieren; alles Negative in die verlängerte Ausatmung packen, wegatmen; an eigene Stärken im Golf denken; guten Schlag (Putt ..) imaginieren; Selbstsicherheit wieder aufbauen; umdrehen, an den Ball gehen; auf dem Weg zum Ball ggf. Zahlen zählen: 999, 996, 993 …

Rituale/Routinen

Unter einem Ritual wird eine festgelegte, immer gleich bleibende Abfolge von Aktionen verstanden. In diesem Sinne wird auch der Begriff der Routine, der speziell im englischsprachigen Raum und insbesondere im Golfbereich (Pre- und Postshot-Routine) Anwendung findet. »Routine in etwas zu haben« bedeutet auch, dass man dies ohne nachzudenken sicher erledigen kann. Wer routiniert handelt, ist zudem nur schwer aus dem Konzept zu bringen und zu stören. Genau darum geht es beim Einsatz von Routinen im Wettkampfsport.

Rituale sind meist starr und beinhalten keine funktional bedeutsamen Elemente. So erhöht das Goldkettchen, das der Läufer bei allen Wettkämpfen trägt, vielleicht seine Sicherheit und sein Selbstvertrauen. Da das Kettchen aber keine wirkliche funktionale Bedeutung

hat, verliert es bei einer Niederlage seinen Wert, obwohl er es trug.

Das Entspannungsatmen in einer Routine macht jedoch den Kopf spürbar frei und erhöht die Konzentration. Routinen tragen dazu bei, Konzentration aufzubauen und Ablenkung zu vermeiden. Kennzeichen der Routine ist, dass sie immer und idealerweise immer gleich durchgeführt wird, jedoch gegebenenfalls den situativen Umständen angepasst werden kann. Man durchläuft eine Sequenz von Aktionen, die jede für sich z.B. zur Startvorbereitung nützlich sind (Näheres s. Kap. 5).

Selbstgesprächsregulation, problematische

Siehe auch »Positives Denken«

Problem. Ein Wettkampf wird häufig verloren, nachdem der innere Dialog umgekippt ist. Der Grübler und Zweifler gewinnt hier die Überhand mit einem negativen Dialog der Art: »Ich kann heute keine langen Pässe spielen«, »Mein Aufschlag kommt heute einfach nicht«. Häufig ist dies auch begleitet von einem durch Ratlosigkeit gekennzeichneten inneren Dialog: »Ich weiß auch nicht, was los ist«, »Wieso bin ich so schlecht?«.

Ursachen. Im Grunde schafft man eine »selbst erfüllende Prophezeiung« bzw. bahnt oder programmiert durch den negativen inneren Dialog das weitere Scheitern. Ein negatives Selbstgespräch blockiert auch den Zugang zu den eigenen Stärken und nährt Selbstzweifel.

Lösungsmöglichkeiten. Im Golf haben wir die Bezeichnung des »inneren Caddy« eingeführt. Der Caddy trägt nicht nur die Golftasche und reicht die Schläger, er berät auch. Was würde man von einem Caddy halten, der zum Spieler sagt »Den Schlag kannst Du sowieso nicht«. Stattdessen erwartet der Spieler zu Recht unterstützende Worte. Um das Selbstgespräch in eine positive Bahn zu lenken, könnte man sich fragen: Was würde mein Caddy sagen? Im Training der Selbstgesprächsregulation sollte man typische negative Äußerungen in positive umwandeln. Dazu werden auf die linke Seite eines Blattes zunächst alle negativen Selbstgesprächssätze geschrieben, die dem Athleten häufig unterlaufen. Auf der rechten Hälfte des Blattes werden danach diese negativen Sätze durch positive, Zuversicht ausdrückende Sätze ersetzt.

Selbstvertrauen, mangelndes

Problem. Nach mehreren Misserfolgen oder Problemen im Wettkampf kann das Selbstvertrauen einen »Knacks« bekommen.

Ursachen. Der innere Dialog kippt um. Der Athlet bleibt beim Misserfolg hängen, kann sich ihn nicht erklären, findet keine Lösung. Die Fokussierung auf den Misserfolg und der negative Affekt blockieren den Zugang zu den eigenen Stärken.

Lösungsmöglichkeiten. Man kann zum einen die oben beschriebene Reset-Technik anwenden. Hilfreich ist das Abrufen einer erfolgreichen Situation (im Vorstellungstraining, der Imagination). Zum anderen kann man auch gezielt auf eine positive Körperrückmeldung (siehe »Embodiment«) Einfluss nehmen: sich bewusst »stolz in die Brust werfen«, den Blick nur auf die Baumspitzen gerichtet, geht man stolz aufgerichtet wie ein Matador in der Arena.

Startvorbereitung

Siehe »Routine«

Stopp-to-go-Technik

Während des Wettkampfes wird ein Misserfolg erlebt, der zu Konzentrationsstörungen führt. Der Athlet findet keine Einstellung mehr. Es gelingt nicht, das Nachgrübeln über den Misserfolg abzuschalten und den durch den Misserfolg entstandenen, nahezu lähmenden negativen Affekt wieder loszuwerden.
Großes rotes Stoppschild visualisieren; damit alle rückblickenden Gedanken stoppen und durch nach vorne gewandte ersetzen; Letztere sollten möglichst konkrete Handlungsanweisungen geben; z.B. im Basketball, umdrehen, zurückrennen zur Defense.

Tarnkappe

Das Publikum oder Beobachter lenken ab und stören die Konzentration. Die Bewertungsangst verunsichert. Die Aufmerksamkeit wandert immer wieder ab.

Man stellt sich vor, um sich herum befände sich eine schützende Glaskugel. Man steht auf dem Boden dieser kreisrunden Glashalbkugel. Die Glashalbkugel hat zwei Hälften, die sich öffnen und schließen lassen. Vor Beginn der sportlichen Aktion ist sie noch offen. Mit Beginn zieht man beide Hälften vor sich zusammen, so dass die Halbkugel vollständig geschlossen ist. Man kann zwar hinausschauen, aber alles, was irgendwie stören könnte, ist draußen. Nichts von dem kann in die Glaskugel dringen. Der Sportler ist ganz für sich allein. Die Situation ist genau wie im Training, wo er sich sicher und ungestört fühlt. Er kann sich vollkommen auf die auszuführende Aktion konzentrieren.

Übertraining

Problem. Es kommt zu einem langfristigen Leistungsabfall mit oder ohne Anzeichen von psychischen oder physischen Symptomen.

Ursache. Es liegt ein Ungleichgewicht von Beanspruchung und Belastung vor. Der Athlet nimmt sich nicht genügend Zeit zur Erholung oder verfügt über keine effizienten Erholungsstrategien.

Lösungsmöglichkeiten. Am sinnvollsten ist es, Übertraining durch einen guten Trainingsplan und eine passende Erholung zu vermeiden. Die Erholungs-Beanspruchungs-Bilanz lässt sich durch den Erholungs-Belastungs-Fragebogen (EBF) feststellen. Bei bestehendem Übertraining dauert die Wiederherstellung der vollen Leistungsfähigkeit einige Wochen bis zu einigen Monaten. Daher sollten alle Faktoren ausgeschaltet werden, die ein Übertraining fördern (Trainingsveränderungen, mehr effizient genutzte Pausen). Der Einsatz psychoregulativer Verfahren (Entspannungsverfahren) unterstützt die Regeneration und die Erholung.

Verankerung

Nach einer gelungenen Aktion kann man diese durch ein körperliches Signal verankern. Der Golfer kann nach einem guten Schlag beispielsweise mit der linken Hand den Schlägergriff drücken. Dies setzt gewissermaßen einen Marker im Gedächtnis für Handlungen. Wenn dieser Anker zum Beispiel in eine Routine vor dem Schlag eingebaut wird, erhöht dies die Wahrscheinlichkeit, dass das erfolgreiche motorische Programm wieder abgerufen werden kann.

Anhang

Wer ist ein qualifizierter Sportpsychologe?

Qualifizierte Sportpsychologen haben nach einem einschlägigen Studium (der Psychologie oder Sportwissenschaft) eine berufsqualifizierende Weiterbildung absolviert.

Die sportpsychologischen Vereinigungen Deutschlands, Österreichs und der Schweiz (siehe unten) führen solche berufsqualifizierenden Weiterbildungen durch. Diese Weiterbildung beinhaltet eine vorgeschriebene Mindestzahl von Praxisstunden, die in der Regel durch eine Hospitation bei einem erfahrenen Sportpsychologen erworben werden. Mit dem Abschluss dieser Ausbildung erhalten die Absolventen eine entsprechende Lizensierung. In Österreich kann eine »Approbation« folgen, die zur Arbeit in den Sportverbänden berechtigt. In Deutschland kann die Aufnahme in die Sportpsychologie-Expertendatenbank des Bundesinstituts für Sportwissenschaft (BISp) folgen. Dies entspricht einer Approbation, weil nur an derart lizensierte Experten aus Bundesmitteln finanzierte sportpsychologische Betreuungsmaßnahmen vergeben werden.

Nähere Informationen zu den Weiterbildungen finden sich auf den Homepages der nationalen sportpsychologischen Organisationen (siehe unten).

Jeder, der sportpsychologische Betreuung sucht, sollte nach einer solchen Lizensierung und einer Mitgliedschaft in den einschlägigen sportpsychologischen Organisationen fragen.

Wie findet man einen qualifizierten Sportpsychologen?

Kontaktportal des Bundesinstituts für Sportwissenschaft

Das BISp hat eine umfassende Expertendatenbank von erfahrenen, in der Sportpraxis tätigen Sportpsychologen zusammengestellt und in das Internet eingestellt (*www.bisp-sportpsychologie.de – Kontaktportal*). Über diese zentrale Anlaufstelle ergibt sich die Möglichkeit zur Auswahl eines mit einem Profil hinterlegten Sportpsychologen (wenn gewünscht sowohl sportartspezifisch als auch problembezogen), der den definierten Qualifikationskriterien entspricht. Mithilfe dieser Datenbank können Trainer, Sportler und alle anderen Interessierten eine schnelle und direkte Kontaktaufnahme mit Sportpsychologen ihrer Wahl initiieren.

Weitere Leistungen des Kontaktportals umfassen Informationen über die gängigen Kosten sowie Tipps über mögliche Finanzierungswege einer psychologischen Beratung/Betreuung und anderer Dienstleistungsangebote der Sportpsychologie.

Erfahrungsberichte

Auch wenn die »individuelle Passung« von Sportpsychologen und Athleten im Einzelfall gegeben sein muss, sind Erfahrungsberichte von anderen Athleten eine wichtige Informationsquelle. Sprechen Sie mit Athleten und Trainern, die bereits mit einem bestimmten

Sportpsychologen zusammengearbeitet haben. Fragen Sie, wie hilfreich dies war, welche Trainingsmaßnahmen angeboten und ob Diagnostik eingesetzt wurde, wie systematisch die gesamte Betreuung aufgebaut war (vgl. Kap. 1).

Universitäten mit sportwissenschaftlichen Ausbildungsgängen

Man kann sich auch an Fakultäten und Institute für Sportwissenschaften mit einer sportpsychologischen Professur wenden, um sportpsychologische Beratung und Betreuung zu erhalten. An der Fakultät für Sportwissenschaft der Technischen Universität München gibt es beispielsweise ein Sportpsychologisches Zentrum (*www.sp.tum.de/sportpsychologie*), in dem auch kurzfristig Beratungstermine ausgemacht werden können. Auch wenn man den Weg über eine universitäre Einrichtung geht, sollte man darauf achten, dass es sich um in der Praxis erfahrene Sportpsychologen handelt, die auf der Expertendatenbank des BISp bzw. der asp geführt werden.

Nationale sportpsychologische Organisationen

Auch die nationalen sportpsychologischen Organisationen geben Hilfe bei der Suche nach einem qualifizierten Sportpsychologen.

Arbeitsgemeinschaft für Sportpsychologie in Deutschland (asp)
Vorsitzender: Univ.-Prof. Dr. *Jürgen Beckmann*
Fakultät für Sportwissenschaft
Technische Universität München
Connollystraße 32, 80809 München
Tel.: 0049/ 089/ 289-24540
Fax: 0049/ 089/ 289-24555
E-Mail: Beckmann@sp.tum.de
Internet: *www.asp-sportpsychologie.org*

Österreichisches Bundesnetzwerk Sportpsychologie
Geschäftsführer: Prof. Dr. *Günter Amesberger*
Rifer Schlossallee 49
5400 Hallein/ Rif
Tel.: 0043/ 0662/ 8044-4857
E-Mail: guenter.amesberger@sportpsychologie.at
Internet: *www.sportpsychologie.at*

Schweizer Arbeitsgemeinschaft für Sportpsychologie
Präsident: Dr. *Hanspeter Gubelmann*
ETH Zürch
Tel: 0044/ 0632/ 5876
E-Mail: gubelmann@move.biol.ethz.ch
Cristina Baldasarre
Eidgenössische Hochschule für Sport Magglingen
Bundesamt für Sport
2532 Magglingen
E-Mail: cristina.baldasarre@baspo.admin.ch
Tel. Sekretariat: 0044/ 032/ 327-6322
Internet: *www.sportpsychologie.ch*

Weiterhin steht für alle Fragen und Belange zur Sportpsychologie im Leistungssport das Bundesinstitut für Sportwissenschaft (BISp) zur Verfügung

Wissenschaftliche Direktorin/Leiterin des Fachgebietes Psychologie
PD Dr. *Gabriele Neumann*
Graurheindorfer Straße 198
53117 Bonn
Tel.: 0049/ 0228/ 99640-9022
Fax: 0049/ 0228/ 99640-9008
E-Mail: gabi.neumann@bisp.de
Internet: *www.bisp.de*, *www.bisp-sportpsychologie.de*

Literatur

Ahmaidi, S., Granier, P., Taoutaou, Z., Mercier, B., et al. (1996). Lactate kinetics during passive and active recovery in endurance and sprint athletes. European Medicine and Science in Sports and Exercise, 28, 450-456.

Alfermann, D. (2006). Karriereübergänge. In: M. Tietjens, B. Strauß (Hrsg.). Handbuch Sportpsychologie, 118-125. Schorndorf: Hofmann.

Alfermann, D., Saborowski, C., Würth, S. (1997). Entwicklung und Überprüfung der deutschsprachigen Messinstrumente im Projekt: Soziale Einflüsse auf Karriereübergänge bei jugendlichen Athletinnen und Athleten in Großbritannien und den neuen Bundesländern. Unveröffentlichter Forschungsbericht, Universität Leipzig.

Alfermann, D., Stambulova, N., Zemaityte, A. (2004). Reactions to sport career termination. A cross-national comparison of German, Lithuanian, and Russian athletes. Psychology of Sport and Exercise, 5, 61-75.

Alfermann, D., Strauß, B. (2001). Soziale Prozesse im Sport. In: H. Gabler, R. Singer, J. Nitsch (Hrsg.). Einführung in die Sportpsychologie, Teil 1, 73-108. Schorndorf: Hofmann.

Allmer, H., Niehues, C. (1989). Individuelle Erholungsmaßnahmen nach mentalen Arbeitsanforderungen unter Berücksichtigung der sportlichen Aktivität. In: H. Allmer, H. J. Appell (Hrsg.). Regeneration im Sport – Sport als Regeneration. Aachen: Academia.

Amelang, M., Schmidt-Atzert, L. (2006). Psychologische Diagnostik und Intervention. Berlin: Springer-Verlag.

American Psychological Association (1999). Standards for educational and psychological tests. Washington, D. C.

Antoni, C., Beckmann, J. (1989). An action control conceptualization of goal setting and feedback effects. In: U. E. Kleinbeck, H. H. Quast, H. Thierry, H. Häcker (eds.). Work motivation, 41-52. Englewood Cliffs, N. J.: Erlbaum.

Armstrong, C. F. (1984). The lessons of sports: class socialization in British and American boarding schools. Sociology of Sport Journal, 1, 314-331.

Arnold, P. J. (1984). Sport, moral education and the development of character. Journal of Philosophy of Education, 8, 275-281.

Bakker, F. C., Whiting, H. T. A., van der Brug, H. (1992). Sportpsychologie. Grundlagen und Anwendungen. Bern: Huber.

Bamber, D., Cockerill, I. M., Rodgers, S., Carroll, D. (2003). Diagnostic criteria for exercise dependence in women. British Journal of Sports Medicine, 37, 393-400.

Bandura, A. (1982). Self-efficacy mechanism in human agency. The American Psychologist, 37, 122-147.

Barb-Priebe, I. (1998). Schöner - Schlanker - Straffer... - Mädchen und Frauen zwischen Diät und Essstörungen. In: Materialien zum Sport in Nordrhein-Westfalen, 203-213.

Beckmann, J. (1994). Rumination and the deactivation of an intention. Motivation and Emotion, 18, 317-334.

Beckmann, J. (2003). Fragebogen zur Handlungskontrolle im Sport (HOSP). München: TUM.

Beckmann, J. (2004). Profil Golf Mental. Instrument zur Erfassung mentaler Leistungsvoraussetzungen im Golf. Universität Potsdam.

Beckmann, J. (im Druck). Systematische sportpsychologische Betreuung. München: TUM.

Beckmann, J., Ehrlenspiel, F. (2006). Leistungssteigerung unter Druck. Forschungsantrag BISp.

Beckmann, J., Elbe, A. (2006). Motivation und Volition. In: B. Strauss, M. Tietjens (Hrsg.). Handbuch Sportpsychologie, 136-145. Schorndorf: Hofmann.

Beckmann, J., Elbe, A.-M., Szymanski, B., Ehrlenspiel, F. (2006). Chancen und Risiken vom Leben im Verbundsystem von Schule und Leistungssport – Psychologische, soziologische und sportliche Leistungsaspekte. Köln: Sport & Buch Strauß.

Beckmann, J., Kazen, M. (1994). Action and state orientation and the performance of top athletes. A differentiated picture. In: J. Kuhl, J. Beckmann (eds.). Volition and personality: Action and state orientation, 439-451. Seattle: Hogrefe.

Beckmann, J., Kellmann, M. (2004). Self-regulation and recovery: Approaching an understanding of the process of recovery from stress. Psychological Reports, 95, 1135-1153.

Beckmann, J., Kellmann, M. (Hrsg, 2008a). Enzyklopädie der Psychologie. Themenbereich D: Sportpsychologie, Bd. 2: Anwendungsfelder. Göttingen: Hogrefe.

Beckmann, J., Kellmann, M. (2008b). Von der Diagnostik zur Intervention. In: J. Beckmann, M. Kellmann (Hrsg.). Enzyklopädie der Psychologie. Themenbereich D: Sportpsychologie, Bd. 2: Anwendungsfelder, 2-39. Göttingen: Hogrefe.

Beckmann, J., Rolstad, K. (1997). Aktivierung und Leistung. Gibt es so etwas wie Übertraining? Sportwissenschaft, 27, 23-37.

Beckmann, J., Trux, J. (1991). Wen lasse ich wo spielen? Persönlichkeitseigenschaften und die Eignung für bestimmte Positionen in Sportspielmannschaften. Sportpsychologie, 5 (3), 18-21.

Beilock, S. L., Carr, T. (2001). On the fragility of skilled performance: What governs choking under pressure. Journal of Experimental Psychology: General, 130, 701-725.

Berne, E. (2004). Was sagen Sie, nachdem Sie Guten Tag gesagt haben? Frankfurt: Fischer.

Biddle, S. J. H., Mutrie, N. (2002). Psychology of physical activity. London: Routledge.

Blinde, E. M., Stratta, T. M. (1992). The »sport career death« of college athletes: Involuntary and unanticipated sport exits. Journal of Sport Behavior, 15 (1), 3-21.

Bös, K. (Hrsg., 2001), Handbuch sportmotorischer Tests. Göttingen: Hogrefe.

Boutcher, S. H. (1990). The role of performance routines in sport. In: J.G. Jones, L. Hardy (eds.). Stress and performance in sport, 231-245. New York: Wiley.

Brand, R., Graf, K., Ehrlenspiel, F. (2008). Das Wettkampf-Angst Inventar – Trait. Konzeption, psychometrische Kennwerte, Normierung. In: R. Brand, K. Graf, F. Ehrlenspiel (Hrsg.). Das Wettkampf-Angst Inventar. Manual.

Brettschneider, W.-D., Klimek, G. (1998). Sportbetonte Schulen. Ein Königsweg zur Förderung sportlicher Talente? Aachen: Meyer & Meyer.

Brewer, B. W., Jeffers, K. E., Petitpas, A. J., van Raalte, J. L. (1994). Perceptions of psychological interventions in the context of sport injury rehabilitation. The Sport Psychologist, 8, 176-188.

Brewerton, T. D., Stellefson, E. J., Hibbs, N., Hodges, E. L., Cochrane, C. E. (1995). Comparison of eating disorder patients with and without compulsive exercising. International Journal of Eating Disorders, 17, 413-416.

Brickenkamp, R. (1997). Handbuch psychologischer und pädagogischer Tests. Göttingen: Hogrefe.

Bull, S. J., Albison, J. G., Shambrook, C. J. (1996). The mental game plan. Getting psyched for sport. Morganown: Sports Dynamics.

Burton, D. (1989). Winning isn't everything: Examining the impact of performance goals on collegiate swimmers' cognitions and performance. The Sport Psychologist, 3, 105-132.

Burton, D. (1993). Goal setting in sport. In: R. N. Singer, M. Murphey, L. K. Tennant (eds.). Handbook of research on sport psychology, 467-491. New York: MacMillan.

Caccese, T. M., Mayerberg, C. K. (1984). Gender differences in perceived burnout of college coaches. Journal of Sport Psychology, 6, 279-288.

Carron, A. V., Hausenblas, H. A. (1998). Group dynamics in sports. Morgantown, WV: FIT.

Cattell, R. B. (1957). Personality and motivation, structure and measurement. Yonkers, NY: World Book.

Cohn, P. J. (1990). Pre-performance routines in sport: Theoretical support and practical applications. The Sport Psychologist, 4, 301-312.

Cohn, P. J. Rotella, R. J., Lloyd, J. W. (1990). Effects of a cognitive-behavioral intervention on the preshot routine and performance in golf. The Sport Psychologist, 4, 33-47.

Conzelmann, A. (2001). Sport und Persönlichkeitsentwicklung. Schorndorf: Hofmann,

Cookson, P. W., Persell, C. H. (1985). Preparing for Power – American's Elite Boarding Schools. New York, NY: Basic Books.

Costa, P. T., McCrae, R. R. (1985). The NEO Personality Inventory manual. Odessa, FL: Psychological Assessment Resources.

Counsilman, J. (1971). Handling the stress and staleness problems of the hard training athletes. Proceedings of the International Symposium on the Art and Science of Coaching, 15-22. Toronto: Canada.

Crews, D. J. (2004). What your brain is doing when you putt. Golf Digest, 1, 100-101.

Crews, D., Boutcher, S. H. (1986). An exploratory observational behaviour analysis of professional female golfers during tournament play. Journal of Sport Behavior, 9, 51-58.

Csikszentmihalyi, M. (2000). Das Flow-Erlebnis. Jenseits von Angst und Langeweile im Tun aufgehen. Stuttgart: Klett.

Cumming, J., Nordin, S. M., Horton, R., Reynolds, S. (2006).Examining the direction of imagery and self-talk on dart-throwing performance and self-efficacy. The Sport Psychologist, 20, 257-274.

Dale, J., Weinberg, R. S. (1989). The relationship between coaches' leadership style and burnout. The Sport Psychologist, 3, 1-13.

Deffenbacher, J. L. (1980). Worry and emotionality in test anxiety. In: I. G. Sarason (ed.). Test anxiety: Theory, research, and applications, 111-124. Hillsdale, N. J.: Erlbaum.

Dienstbier, R. A. (1989). Arousal and physiological toughness: Implications for mental and physical health. Psychological Review, 96, 84-100. Kap. 4, 12.

Disham, R. K. (1984). Medical psychology in exercise and sport. Medical Clinics of North America, 69, 123-143.

Driediger, M., Hall, C., Callow, N. (2006). Imagery use by injured athletes: A qualitative analysis. Journal of Sports Sciences, 24 (3), 261-272.

Driskell, J. E., Copper, C., Moran, A. (1994). Does mental practice enhance performance? Journal of Applied Psychology, 79, 481-492. Kap. 1, 6.

Durand-Bush, N., Salmela, J. H., Green-Demers, I. (2001). The Ottawa Mental Skills Assessment Tool (OMSAT-3*). The Sport Psychologist, 15, 1-19.

Eberspächer, H. (2007). Mentales Training. Das Handbuch für Trainer und Sportler. München: Copress.

Ehrlenspiel, F. (2001). Paralysis by analysis? Effects of internal focus on biomechanic variables of the basketball free-throw. In: J. Mester, G. King, H. Strüder, E. Tsolakidis, A. Osterburg (Hrsg.). ECSS-Congress, Perspectives and Profiles, 544. Köln: Sport & Buch Strauß.

Ehrlenspiel, F., Brand, R., Graf, K. (2008). Das Wettkampf-Angst Inventar – State. Konzeption, psychometrische Kennwerte, Normierung. In: R. Brand, K. Graf, F. Ehrlenspiel (Hrsg.). Das Wettkampf-Angst Inventar. Manual (Buch in Vorbereitung).

Elbe, A.-M. (2001). Frauen und Leistungssport im interkulturellen Vergleich zwischen Deutschland und den USA. Dissertation. Berlin: FU-Berlin. Online: www.diss.fu-berlin.de.

Elbe, A.-M. (2004). Testgütekriterien des Deutschen Sport Orientation Questionnaires. Spectrum der Sportwissenschaft, 16, 96-107.

Elbe, A.-M., Beckmann, J. (Hrsg., 2002). Dokumentation der 1. Tagung der Eliteschulen des Sports »Lebenskonzepte für Sporttalente« . Frankfurt: DSB-Presse.

Elbe, A.-M., Beckmann, J., Szymanski, B. (2003a). Das Dropout Phänomen an Eliteschulen des Sports – ein Problem der Selbstregulation? Leistungssport, 33, 46-49.

Elbe, A-M., Beckmann, J., Szymanski, B. (2003b). Die Entwicklung der allgemeinen und sportspezifischen Leistungsmotivation von Sportschuler/ innen. Psychologie und Sport, 10, 134-143.

Elbe, A.-M., Seidel, I. (2003c). Die Bedeutung von psychologischen Faktoren bei der Auswahl von Sporttalenten an Eliteschulen des Sports. Leistungssport, 33, 59-62.

Elbe, A.-M., Wenhold, F. (2005a). Cross-Cultural Test Control Criteria for the AMS-Sport. International Journal of Sport and Exercise Psychology, 3, 163-178.

Elbe, A.-M., Wenhold, F., Müller, D. (2005b). Zur Reliabilität und Validität der Achievement Motives Scale-Sport – ein Instrument zur Bestimmung des sportspezifischen Leistungsmotivs. Zeitschrift für Sportpsychologie, 12, 57-68.

Erez, M., Zidon, I. (1984). Effects of goal acceptance on the relationship of goal difficulty to performance. Journal of Applied Psychology, 69, 69-78.

Evans, L., Hardy, L. (2002). Injury rehabilitation: A goal- setting intervention study. Research Quarterly for Exercise & Sport, 73, 310- 319

Ewing, M. E., Gano-Overway, L. A., Branta, C. F., Seefeldt, V. D. (2002). The role of sports in youth development. In: M. Gatz, M. A. Messner (eds.). Paradoxes of youth and sport. Albany, NY: State University of New York Press.

Fazey, J., Hardy, L. (1988). The inverted-u-hypothesis: A catastrophe for sport psychology? (BASS Monograph no. 1). Leeds: BASS.

Feltz, D. L., Landers, D. M., Becker, B. J. (1988). A revised meta-analysis of the mental practice literature on motor skill learning. In: J. Duckmann, J. Swets (eds.). Enhancing Human Performance, 61-101. Washington: Reiley.

FEPSAC (1996). Position statement of the FEPSAC. I. Definition of sport psychology. The Sport Psychologist, 10, 221-223.

Filby, W. C., Maynard, I. W., Graydon, J. K. (1999). The effect of multiple-goal strategies on performance outcomes in training and competition. Journal of Applied Sport Psychology, 11, 230-246.

Flint, F. A. (1999). Seeing helps believing: modeling in injury rehabilitation. Morgantown, WV: Fitness Information Technology.

Gabler, H. (1981). Leistungsmotivation im Hochleistungssport, 3. Aufl. Schorndorf: Hofmann.

Gabler, H. (1986a). Sportpsychologie als wissenschaftliche Disziplin. In: H. Gabler, J.R. Nitsch, R. Singer (Hrsg.). Einführung in die Sportpsychologie. Teil 1: Grundthemen (S. 11-33). Schorndorf: Hofmann.

Gabler, H. (1986b). Motivationale Aspekte sportlicher Handlungen. In: H. Gabler, J.R. Nitsch, R. Singer (Hrsg.). Einführung in die Sportpsychologie. Teil 1: Grundthemen (S. 64-106). Schorndorf: Hofmann.

Gabler, H., Nitsch, J., Singer, R. (2000). Einführung in die Sportpsychologie. Teil 1: Grundthemen, 2. Aufl. Schorndorf: Hofmann.

Gallwey, T. (1976). Inner Tennis: Playing the game. New York: Random House.

Gill, D. L., Deeter, T. E. (1988). Development of the sport orientation questionnaire. Research Quarterly for Exercise and Sport, 59 (3), 191-202.

Glasl, F. (1994). Konfliktmanagement. Bern: Haupt.

Glasser, W. (1976). Positive addiction. New York: Harper & Row.

Gould, D., Damarjian, N. (1996). Imagery training for peak performance. In: J. L. Van Raalte, B. W. Brewer (eds.). Exploring sport and exercise psychology, 25-50. Washington, DC: American Psychological Association.

Gould, D., Tuffey, S., Udry, E., Loehr, J. (1997). Burnout in competitive junior tennis players: III. Individual differences in the burnout experience. The Sport Psychologist, 11, 257-276.

Gruber, J. J., Gray, G. R. (1981). Factor patterns of variables influencing cohesiveness at various levels of basketball competition. Research Quarterly for Exercise and Sport, 52, 19-30.

Grupe, O. (2000). Vom Sinn des Sports. Schorndorf: Hofmann.

Hall, C. R., Rogers, W. M., Buckolz, E. (1991). The effect of an imagery training program on imagery ability, imagery use and figure skating perforamce. Journal of Applied Sport Psychology, 3, 109-125.

Halliwell, W. (1990). Providing sport psychology consulting services in professional hockey. The Sport Psychologist, 4, 369-377.

Hanin, Y. L. (2000). Individual zones of optimal functioning (IZOF) model: Emotion-performance relationships in sport. In: Y. L. Hanin (ed.). Emotions in sport, 65-89. Champaign, IL: Human Kinetics.

Hardy, C. J., Grace, R. K. (1993). The dimensions of social support when dealing with sport injuries. In: D. Pargman (ed.). Psychological bases of sport injuries, 121-144. Morgantown, WV: Fitness Information Technology.

Hardy, L., Fazey, J. (1990). Mental Rehearsal: A Guide for Sports Performance. Leeds, UK: National Coaching Foundation

Harris, D. V., Harris, B. L. (1984), The athlete's guide to sports psychology. Mental skills for physical people. New York. Leisure Press.

Hartung, J., Schulte, D. (1994). Action- and state-orientations during therapy of phobic disorders. In: J. Kuhl, J. Beckmann (eds.). Volition and Personality. Action versus State Orientation, 217-232. Seattle: Hogrefe & Huber.

Harwood, C., Cumming, J., Hall, C. (2003). Imagery use in elite youth sport: Reinforcing the applied role of achievement goal theory. Research Quarterly of Sport and Exercise, 74, 292-300.

Haselwood, D. M., Joyner, A. B., Burke, K. L., Geyerman, et al. (2005). Female athletes' perceptions of head coaches' communication competence. Journal of Sport Behavior, 28 (3), 216-230.

Hastie, P. A., Sharpe, T. (1999). Effects of a sport education curriculum on the positive social behavior of at-risk rural adolescent boys. Journal of Education for Students Placed at Risk, 4, 417-430.

Heckhausen, H. (1989). Motivation und Handeln, 2. Aufl. Heidelberg: Springer.

Heishman, M. F. (1989). Pre-performance routines: A test of the schema theory versus the set hypothesis as an explanation for the efficiancy of a pre-service routine in volleyball. Dissertation: University of Virginia.

Hellandsig, E. T. (1998). Motivational predictors of high performance and discontinuation in different types of sports among talented teenage athletes. International Journal of Sport Psychology, 29, 27-44.

Hellige, J. B. (1993). Hemispheric asymmetry. What's right and what's left. Cambridge, Ma.: Harvard University Press.

Henschen, K. (1993). Athletic staleness and burnout: Diagnosis, prevention, and treatment. In: J. Williams (ed.). Applied sport psychology, 328-337. Mountain View, CA: Mayfield Publishing Company.

Highlen, P. S., Bennet, B. B. (1983). Elite divers and wrestlers: A comparison between open- and closed-skill athletes. Journal of Sport Psychology, 4, 390-409.

Hollmann, W., Hettinger (2000). Sportmedizin – Grundlagen für Arbeit, Training und Präventivmedizin. Stuttgart: Schattauer.

Hüther, G. (2006). Brainwash – Einführung in die Neurobiologie. Müllheim: Auditorium.

Ievleva, L., Orlick, T. (1991). Mental links to enhanced healing: An exploratory study. Sports Psychologist, 5 (1), 25-40.

Igel, C. (2001) Mentales Training: Zur Wirkung pro- und retrospektiver Vorstellungsprozesse auf das Bewegungslernen. Köln: Sport & Buch Strauß.

Jacobson, E. (1938). Progressive relaxation, 2nd ed. Chicago: University of Chicago Press.

Jäger, R. S., Petermann, F. (1999). Psychologische Diagnostik. Weinheim: PVU.

Jarvis, M. (2006). Sport Psychology. London: Routledge.

Jeannerod, M. (2001). Neural simulation of action: A unifying mechanism for motor cognition. NeuroImage, 14, 103-109.

Jones, G., Hanton, S. (1996). Interpretation of competitive anxiety symptoms and goal attainment expectancies, Journal of Sport and Exercise Psychology, 18, 144-157.

Kähler, R. (1985). Moralerziehung im Sportunterricht. Beiträge zur Sportwissenschaft, Bd. 2. Frankfurt: Harri Deutsch.

Kallus, K. W., Kellmann, M. (2000). Burnout in athletes and coaches. In: *Y. L. Hanin* (ed.). Emotions in sport, 209-230. Champaign, IL: Human Kinetics.

Katschemba, S. (2003). Erholungs- und Beanspruchungsprozesse. Wissenschaftliche Grundlagen und bei-

spielhafte Anwendung des Erholungs- und Belastungsfragebogen für Sportler im Radsport. Unveröffentlichte Diplomarbeit: Universität Potsdam.

Kellmann, M. (ed., 2002a). Enhancing recovery. Preventing underperformance. Champaign, IL: Human Kinetics.

Kellmann, M. (2002b). Psychologische Erholungs- und Beanspruchungssteuerung im Ruder- und Radsport. Leistungssport, 32 (5), 23-26.

Kellmann, M., Beckmann, J. (2003). Research and intervention in sport psychology: New perspectives for an inherent conflict. International Journal of Sport and Exercise Psychology, 1, 13-26.

Kellmann, M., Beckmann, J. (2004). Sport und Entspannungsverfahren. In: *D. Vaitl, F. Petermann* (Hrsg.). Entspannungsverfahren – Das Praxishandbuch, 320-331. Weinheim: Beltz.

Kellmann, M., Botterill, C., Wilson, C. (1999). Recovery-Cue. Unpublished Recovery Assessment Instrument. Calgary: National Sport Centre.

Kellmann, M., Kallus, K. W. (1999). Mood, recovery-stress state, and regeneration. In: *M. Lehmann, C. Foster, U. Gastmann, H. Keizer, J. M. Steinacker* (eds.). Overload, fatigue, performance incompetence, and regeneration in sport, 101-117. New York: Plenum.

Kellmann, M., Kallus, K. W. (2000). Der Erholungs-Belastungs-Fragebogen für Sportler. Manual. Frankfurt: Swets Test Service.

Kellmann, M., Kallus, K. W., Günther, K.-D., Lormes, W., Steinacker, J. M. (1997). Psychologische Betreuung der Junioren-Nationalmannschaft des Deutschen Ruderverbandes. Psychologie und Sport, 4, 123-134.

Kellmann, M., Weidig, T. (2007). Der Pausenverhaltensfragebogen. Ruhr-Universität Bochum.

Kerr, G., Minden, H. (1988). Psychological factors related to the occurrence of athletic injuries. Journal of Sport & Exercise Psychology, 10, 167–173.

Kingston, K., Hardy, L. (1997). Effects of different types of goals on processes that support performance. The Sport Psychologist, 11, 277-293.

Kirkcaldy, B. D., Shephard, R. J., Siefen, R. G. (2002). The relationship between physical activity and self image and problem behaviour among adolescents. Social Psychiatry and Psychiatric Epidemiology, 37, 544-550.

Kleiber, D. A., Roberts, G. C. (1981). The effects of sport experience in the development of social character: An exploratory investigation. Journal of Sport Psychology, 3, 114-122.

Kleiber, D. A., Roberts, G. C. (1983). The effects of sport experience in the development of social character: An exploratory investigation. Journal of Sport Psychology, 3, 114-122.

Klein, N. C. (2001). Healing images for children: Teaching relaxation and guided imagery to children facing cancer and other serious illnesses. Inner Coaching.

Kleine, D., Schwarzer, R. (1991). Angst und sportliche Leistung – eine Meta-Analyse. Sportwissenschaft 21 (1), 9- 28.

Kleinert, J. (2003). Mental aus der sportlichen Krise: Verletzungen, Formtiefs, Erfolgsdruck und Teamkonflikte bewältigen. München: BLV-Verlag.

Kohn, A. (1986). No contest: The case against competition. Boston: Houghton Mifflin.

Kuhl, J. (1983). Motivation, Konflikt und Handlungskontrolle. Heidelberg, Berlin: Springer.

Kuipers, H. (1998). Training and overtraining: An introduction. Medicine and Science in Sports and Exercise, 30, 1137-1139.

Kuipers, H., Keizer, H. A. (1988). Overtraining in elite athletes. Review and directions for the future. Sports Med., 6, 79–92.

Laios, A. (2005). Communication problems in professional sports: the case of Greece. Corporate Communications, 3, 252-256.

Lavallee, D., Grove, J.R., Gordon, S. (1997). The causes of career termination from sport and their relationship to post-retirement adjustment among elite amateur athletes in Australia. Australian Psychologist, 32, 131-135.

Lebenstedt, M., Bussmann, G., Platen, P. (2004) Essstörungen im Leistungssport: Ein Leitfaden für Athlet/innen und Trainer/innen, Eltern und Betreuer/innen. Köln: Sport & Buch Strauss.

Leddy, M. H., Lambert M. J., Ogles B. M. (1994). Psychological consequences of athletic injury among high-level competitors. Research Quarterly for Exercise and Sport, 65 (4), 347-354.

Lee, M., Williams, V., Cox, A.-M., Terry, P. (1993). The leadershop scale for sport. A modification for use with British children. Paper submitted for the International Pre-Olympic Congress on Sport Medicine and Sport Sciences. Lillehammer, Norway.

Lehmann, M., Foster, C., Gastmann, U., Keizer, H., Steinacker, J. M. (1999). Definition, types, symptoms, findings, underlying mechanisms, and frequency of overtraining and overtraining syndrome. In: M. Lehmann, C. Foster, U. Gastmann, H. Keizer, J. M. Steinacker (eds.). Overload, fatigue, performance incompetence, and regeneration in sport, 16. New York: Plenum.

Lehmann, M., Foster, C., Keul, J. (1993). Overtraining in endurance athletes: A brief review. Medicine and Science in Sport and Exercise, 25, 854-861.

Leonard, G. B. (1972). The transformation: A guide to the inevitable changes in humankind. New York: Delacorte Press.

Lewin, G. (1989). The incidence of injury in an English professional soccer club during one competitive season. Physiotherapy, 75, 601–605.

Liebert, R. M., Morris, L. W. (1967). Cognitive and emotional components of test anxiety: A distinction and some initial data. Psychological Reports, 20, 975-978.

Lindemann, H. (1985). Einfach entspannen – Psychohygiene Training. München: Heyne.

Linz, L. (2004). Erfolgreiches Teamcoaching. Aachen: Meyer & Meyer.

Locke, E. L., Latham, G. P. (1990). A theory of goal setting and task performance. Englewood Cliffs, NJ: Prentice Hill.

Loehr, J. E. (1996). Die neue mentale Stärke. München: BLV Verlagsgesellschaft mbH.

Lüthje, P., Nurmi, I., Kataja, M., Belt, E., et al. (1996). Epidemiology and traumatology of injuries in elite soccer: A prospective study in Finland. Scandinavian Journal of Medicine and Science in Sport, 6, 180–185.

Maglischo, E. W. (1993). Swimming Even Faster. Mountain View, CA: Mayfield Publishing Company.

Mahoney, M. J., Avener, M. (1977). Psychology of the elite athletes: An exploration study. Cognitive Therapy and Research, 1, 135-141.

Mahoney, M., Gabriel, T., Perkins, T. S. (1987). Psychological skills and exceptional athletic performance. The Sport Psychologist, 1, 181–199.

Martens, R., Burton, D., Vealy, R. S., Bump, L., Smith, D. (1990). The development of the competitive anxiety inventory-2 (CSAI-2). In: *R. Martens, R. S. Vealey, D. Burton* (eds.). Competitive anxiety in sport, 117-119. Champaign, IL: Human Kinetics.

Martens, R., Vealy, R. S., Burton, L. (eds., 1990) Competitive anxiety in sport. Champaign, IL: Human Kinetics.

Maslach, C., Jackson, S. E. (1986). Maslach Burnout Inventory. Palo Alto, CA: Consulting Psychologists Press.

Maslach, C., Jackson, S. E., Leiter, M. P. (1996). Maslach Burnout Inventory. Manual (3rd ed.). Palo Alto, CA: Consulting Psychologists Press.

McAfee, R.A. (1955). Sportsmenship attitudes of sixth, seventh, and eighth grade boys. Research Quarterly for Exercise and Sport, 26, 120.

Meeusen, R., Duclos, M., Gleeson, M., Rietjens, et al. (2006). The Overtraining Syndrome – facts & fiction. European Journal of Sport Science, 6 (4), 263.

Miller, D. T., Ross, M. (1975). Sell- serving biases in the attribution of causality: fact or fiction? Psychological Bulletin, 82, 213- 225.

Minas, S. C. (1980). Acquisition of a motor skill following guided mental and physical practice. Journal of Human Movement Studies, 6, 127-141.

Moore, W. E. (1986). Covert-overt service routines: The effects of a service routine training programme on elite tennis players. Dissertation: University of Virginia.

Morgan, W. P. (1979). Negative addiction in runners. Physician and Sports Medicine, 7, 57-70.

Moser, H. (1977). Praxis der Aktionsforschung. München: Kösel.

Muir, K. B., Seitz, T. (2004). Machismo, misogyny and homophobia in a male athletic subculture: a participant observational study of deviant rituals in collegiate rugby. Deviant Behaviour, 4, 303-327.

Mullen, B., Copper, C. (1994). The relation between group cohesiveness and performance: an integration. Psychological Bulletin, 115, 210-227.

Munzert, J., Reiser, M. (2003). Vorstellung und mentales Training. In: H. Mechling, J. Munzert (Hrsg.). Handbuch Bewegungswissenschaft – Bewegungslehre, 219-230. Schorndorf: Hofmann.

Murphy, S. M., Fleck, J. J., Dudley, G., Callister, R. (1990). Psychological and performance concomitants of increased volume training in elite athletes. Journal of Applied Sport Psychology, 2 (1), 34-50.

Neiss, R. (1988). Reconcepturalizing arousal: Psychobiological states in motor performance. Psychological Bulletin, 103, 345-366.

Newstrom, J. W. (1998). The big book of team building games. New York: Mc Graw.

Nideffer, R. M. (1976). The inner athletes. New York: Crowell.

Nideffer, R. M. (1980). Attentional focus-self assessment. In: R. M. Swinn (ed.). Psychology in sports, 281-291. Minneapolis, MN: Burgess Publishing Company.

Nordin, S. M., Cumming, J., Vincent, J., McGrory, S. (2006). Mental Practice or Spontaneous Play? Examining Which Types of Imagery Constitute Deliberate Practice in Sport. Journal of Applied Sport Psychology, 18 (4), 345-362.

Norris, S. R., Smith, D. J (2002). Planning, periodization, and sequencing of training and competition: The rationale for a competently planned, optimally executed training and competition program, supported by a multidisciplinary team. In: M. Kellmann (ed.). Enhancing Recovery: Preventing Underperformance in Athletes, 121-141. Champaign, IL: Human Kinetics.

Ogilvie, B., Tutko, T. (1971). Sport: If you want to build character, try something else. Psychology Today, 5, 60-63.

Orlick, T., Partington, J. (1988). Mental links to excellence. The Sport Psychologist, 2, 105-130.

Ostrow, A. C. (1996). Directory of psychological tests in the sport and exercise science. Morgantown, VA: Fitness Information Technology.

Pankey, R. (1993). To fall from athletics gracefully. Dubuque, IA: Kendall/ Hunt Publishing Company.

Pervin, L. A. (2000). Persönlichkeitstheorien, 4. Aufl. München: Reinhardt.

Petermann, F., Vaitl, D. (2004). Entspannungsverfahren – eine Einführung. In: D. Vaitl, F. Petermann (Hrsg.). Entspannungsverfahren. Das Praxishandbuch, 1-17. Weinheim: Beltz.

Pierce, E. F., McGowan, R. W., Lynn, T. D. (1993). Exercise dependence in relation to competitive orientation of runners. Journal of Sports Medicine and Physical Fitness, 33, 189-193.

Platen, P., Lebenstedt, M., Bußmann, G. (2004). Ess-Störungen im Leistungssport: Ein Leitfaden für Athlet/innen – Trainer/innen – Eltern und Betreuer/innen. Bonn: Bundesinstitut für Sportwissenschaften.

Puni, A. Z. (1961). Abriss der Sportpsychologie. Berlin: Sportverlag.

Raedeke, T. D. (1997). Is athlete burnout more than just stress? A sport commitment perspective. Journal of Sport and Exercise Psychology, 19, 396-417.

Raglin, J., Hanin, Y. (2000). Competitive anxiety and athletic performance. In: Hanin, Y (ed.). Emotions in Sport. Champaign, Illinois: Human Kinetics, 93-112, 2000.

Rainey, D. W. (1995). Stress, burnout, and intention to terminate among umpires. Journal of Sport Behavior, 18, 312-323.

Reiser, M. (2005). Kraftgewinne durch Vorstellung maximaler Muskelkontraktion. Zeitschrift für Sportpsychologie, 12, 11-21.

Rethorst, S., Wehrmann, R. (1998). Der TEOSQ-D zur Messung der Zielorientierung im Sport. In: D. Teipel, R. Kemper, D. Heinemann (Hrsg.). Sportpsychologische Diagnostik, Prognostik und Intervention, 57-63. Köln: bps-Verlag.

Rheinberg, F., Krug, S. (2005). Motivationsförderung im Schulalltag, 3. Aufl. Göttingen: Hogrefe.

Roberts, G. C. (1986) The growing child and the perception of competitive stress in sport. In: Gleeson, G. (ed.). The Growing Child in Competitive Sport. Hodder & Stoughton. London.

Roberts, G. C. (ed., 1992). Motivation in sport and exercise. Champaign, IL: Human Kinetics.

Robinson, T. T., Carron, A. V. (1982). Personal and situation factors associated with dropping out versus maintaining participation in competitive sport. Journal of Sport Psychology, 4, 354-378.

Rogner, O., Frey, D., Havemann, D. (1987). Der Genesungsverlauf von Unfallpatienten aus kognitionspsychologischer Sicht. Zeitschrift für Klinische Psychologie, 1, 11-28.

Rost, J. (1996). Lehrbuch Testtheorie, Testkonstruktion. Bern: Huber.

Ruder, M. K., Gill, D. L. (1982). Immediate effects of win-loss on perceptions of cohesion in intramural and volleyball teams. Journal of Sport Psychology, 4, 227-234.

Rushall, B. S. (1984). The content of competitive thinking. In: W. F. Straub, J. M. Williams (eds.). Cognitive Sport Psychology, 51-62. Lansing, NY: Sport Science Associates.

Sachs, M. L. (1981). Running addiction. In: M. H. Sacks, M. L. Sachs (eds.). Psychology of running, 116-126. Champaign, IL: Human Kinetics Publishers.

Sack, H.-G. (1975). Sportliche Betätigung und Persönlichkeit. Ahrensburg: Czwalina.

Sack, H.-G. (1980). Zur Psychologie jugendlicher Leistungssportler. Schorndorf: Hofmann.

Sahre, E. (1991). Wer behält die Nerven, wenn es darauf ankommt? Zum Einfluss von Handlungs- und Lageorientierung auf die Spielleistung im Basketball unter psychischer Belastung und physischer Beanspruchung. Sportpsychologie, 5 (4), 11-15.

Schack, T. (1997). Ängstliche Schüler im Sport – Interventionsverfahren zur Entwicklung der Handlungskontrolle. Schorndorf: Hofmann.

Schack, T. (2006). Mentales Training. In: M. Tietjens, B. Strauss (Hrsg.). Handbuch Sportpsychologie, 254-261. Schorndorf: Hofmann.

Schack, T., Whitmarsh, B., Pike, R., Redden, C. (2005). Routines. In: J. Taylor, G. Wilson (eds.). Applying sport psychology, 137-150. Champaign, IL: Human Kinetics.

Schlicht, W. (1992) Mentales Training: Lern- und Leistungsgewinne durch Imagination. Sportpsychologie, 6 (2), 24-29.

Schmid, A., Peper, E. (1993).Training strategies for concentration. In: J. M. Williams (ed.). Applied sport psychology: Personal growth to peak performance, 2nd ed., 262-273. Mountain View, CA: Mayfield.

Schulz von Thun, E. (1997). Miteinander reden, Bd. 1-3. Reinbek: Rowohlt.

Seidel, I. (2005). Nachwuchsleistungssportler an Eliteschulen des Sports. Analyse ausgewählter Persönlichkeitsmerkmale in der Leichtathletik, Im Handball und im Schwimmen. Köln: Sport & Buch Strauß.

Seifriz, J. J., Duda, J. L., Chi, L. (1992). The relationship of perceived motivational climate to intrinsic motivation and beliefs about success in basketball. Journal of Sport and Exercise Psychology, 14, 375-391.

Seiler, R., Stock, A. (1994). Handbuch Psychotraining im Sport. Reinbeck: Rowohlt.

Shields, D. L., Bredemeier, B. J. (1995). Character Development and Physical Activity. Champaign, IL: Human Kinetics.

Shields, E. W. (1999). Intimidation and violence by males in high school athletics. Adolescence, 34, 503-521.

Short, S., Tenute, A., Feltz, D. L. (2005). Imagery use in sport: Mediational effects for efficacy. Journal of Sports Sciences, 23 (9), 951-960.

Singer, R. (2000). Sport und Persönlichkeit. In: H. Gabler, J. Nitsch, R. Singer (Hrsg.). Einführung in die Sportpsychologie. Teil 1: Grundthemen, 289-336. Schorndorf: Hofmann.

Singer, R. N., Haase, H. (1975). Sport und Persönlichkeit. Sportwissenschaft, 5 (1), 25-37

Singer, R. N., Janelle, C. M. (1999). Determining sport exercise: From genes to supremes. International Journal of Sport Psychology, 30, 117-150.

Smith, D., Stewart, S. (2003). Sexual aggression and sports participation. Journal of Sport Behaviour, 26, 384-395.

Smith, R. E., Smoll, F. L., Curtis, B. (1979). Coach effectiveness training: A cognitive behavioral approach to enhancing relationship skills in youth sport coaches. Journal of Sport Psychology, 1, 59-75.

Smith, R. E., Smoll, F. L., Schutz, R. W. (1990). Measurement and correlates of sport-specific cognitive and somatic anxiety: The sport anxiety scale. Anxiety Research, 2, 263-280.

Sonnenschein, I. (1989). Das Kölner Psychoregulationstraining. Ein Handbuch für Trainingsleiter, 3. Aufl. Köln: Buch & Sport Strauss.

Storch, E. A., Storch, J. B., Killiany, E. M., Roberti, J. W. (2005). Self-reported psychopathology in athletes: a comparison of intercollegiate student-athletes and nonathletes. Journal of Sport Behavior, 28 (1), 86-96.

Storch, M., Cantieni, B., Hüther, G., Tschacher, W. (2006). Embodiment. Die Wechselwirkung von Körper und Psyche verstehen und nutzen. Bern: Huber.

Strack, F., Martin, L., Stepper, S. (1988). Inhibiting and facilitating conditions of the human smile: A nonobtrusive test of the facial feedback hypothesis. Journal of Personality and Social Psychology, 54, 768-777.

Sturzbecher, D., Lenz, H.-J. (1997). Wir woll'n Spaß, wir woll'n Spaß. Freizeitangebote in Brandenburg und ihre Nutzung. In: D. Sturzbecher (Hrsg.). Jugend und Gewalt in Ostdeutschland. Lebenserfahrungen in Schule Freizeit und Familie, 82-110. Göttingen: Verlag für Angewandte Psychologie.

Sundgot-Borgen, J. (1993), Prevalence of eating disorders in elite female athletes. International Journal of Sport Nutrition, 3, 29-40.

Szymanski, B., Beckmann, J., Elbe, A.-M., Müller, D. (2004). Wie entwickelt sich die Volition bei Talenten an einer Eliteschule des Sports? Zeitschrift für Sportpsychologie, 11, 103-111.

Taylor, J., Ogilvie, B.C. (1998). Career transition among elite athletes: Is there life after sports? In: J. Williams (ed.). Applied sport psychology: Personal growth to peak performance, 3rd ed., 429-444. Palo Alto, CA: Mayfield.

Thomassen, T. O., Halvari, H. (1996). Achievement motivation and involvement in sport competitions. Perceptual and Motor Skills, 83, 1363-1374.

Urhausen, A., Kindermann, W. (2002). Übertraining. Deutsche Zeitschrift für Sportmedizin, 4, 121 122.

Vaitl, D. (2004). Neurophysiologie der Entspannungsverfahren. In: Vaitl, D., Petermann, F. (2004), Entspannungsverfahren: das Praxishandbuch, 34-58. Weinheim: Beltz.

Veale, D. M. W. (1987). Exercise Dependance. British Journal of Addiciton, 82, 735-740.

Veale, D., Le Fevre, K. (1988). A survey of exercise dependence. Paper presented at the Sport, Health, Psychology and Exercise Smposoium, Bisham Abbey National Sports Centre.

Vealey, R. S., Garner-Holman, M. (1998). Applied Sport Psychology: Measurement Issues. In: J. L. Duda (ed.). Advances in sport and exercise psychology measurement, 433-446. Champaign, IL: Human Kinetics.

Waldenmayer, D., Ziemainz, H. (2007). Bestands- und Bedarfsanalyse sportpsychologischer Betreuung im Raum Nordbayern. Zeitschrift für Sportpsychologie, 14 (4), 162-166.

Webb, H. (1969). Professionalization of attitudes toward play amog adolescents. In: G. Keynon (ed.). Aspects of contemporary sport sociology, 161-179. Chicago: Athletic Institute.

Weinberg, R. S., Seabourne, T. G., Jackson, A. (1981). Effects of visuo-motor behavior rehearsal, relaxation, and imagery on karate performance. Journal of Sport Psychology, 3, 228-238.

Weinberg, R. S., Smith, J., Jackson, A., Gould, D. (1984). Effects of association, disassociation, and positive self-talk strategies on endurance performance. Canadian Journal of Applied Sport Sciences, 9 (1), 25-32.

Weiner, B. (1986). An attributional theory of motivation and emotion. New York: Springer.

Weiss, M. R., Troxel, R. K. (1986). Psychology of the injured athlete. Athletic Training, 21, 104-109, 154.

Wheeler, G. D., Malone, L. A. Van Vlack, S., Nelson, E. R., Steadward, R. D. (1996), Retirement from disability sport: A pilot study. Adapted physical activity quarterly, 4, 382-399.

White, A., Hardy, L. (1995). Use of different imagery perspectives on the learning and performance of different motor skills. British Journal of Psychology, 86, 191-216.

White, S. A., Duda, J. L. (1994). The relationship of gender, level of sport involvement, and participation motivation to task and ego orientation. International Journal of Sport Psychology, 25, 4-18.

Williams, J. M., Krane, V. (2000). Psychological characteristics of peak performance. In: *J. M. Williams* (ed.). Applied Sport Psychology: Personal Growth to Peak Performance, 4th ed, 162-178.

Wippert, P.-M., Vogt, M., Schenk, S., Wippert, J., et al. (2006). Belastungsgrad, Intervention und Gesundheits-

prävention beim Karriereübergang, In: BISp-Jahrbuch – Forschungsförderung 2005-2006, 267-272.

Wolpe, J. (1958). Psychotherapy by reciprocal inhibition. Stanford: Stanford University Press.

Wottawa, H. (1980). Grundriss der Testtheorie [Groundplan of test theory]. München: Juventa.

Würth, S., Saborowski, C., Alfermann, D. (1999). Trainingsklima und Führungsverhalten aus der Sicht jugendlicher Athleten und deren Trainer. Psychologie und Sport, 4, 146-157.

Yerkes, R. M., Dodson, J. D. (1908). The relation of strength of stimulus to rapidity of habit formation. Journal of Comparative and Neurological Psychology, 18, 459-482.

Ziemainz, H., Neumann, G., Rasche, F., Stemmler, M. (2006). Zum Einsatz sportpsychologischer Diagnostik in der Praxis des Leistungssports. Zeitschrift für Sportpsychologie, 13, 53-59.

Sachregister